Andreas Langenohl

Finanzmarkt und Temporalität

AF235361

Qualitative Soziologie · Band 7

Herausgegeben von

Klaus Amann
Jörg R. Bergmann
Stefan Hirschauer

Die Reihe 'Qualitative Soziologie' präsentiert ausgewählte Beiträge aus der qualitativen Sozialforschung, die methodisch anspruchsvolle Untersuchungen mit einem dezidierten Interesse an der Weiterentwicklung soziologischer Theorie verbinden. Ihr Spektrum umfasst ethnographische Feldstudien wie Analysen mündlicher und schriftlicher Kommunikation, Arbeiten zur historischen Sozialforschung wie zur Visuellen Soziologie. Die Reihe versammelt ohne Beschränkung auf bestimmte Gegenstände originelle Beiträge zur Wissenssoziologie, zur Interaktions- und Organisationsanalyse, zur Sprach- und Kultursoziologie wie zur Methodologie qualitativer Sozialforschung und sie ist offen für Arbeiten aus den angrenzenden Kulturwissenschaften. Sie bietet ein Forum für Publikationen, in denen sich weltoffenes Forschen, methodologisches Reflektieren und analytisches Arbeiten wechselseitig verschränken. Nicht zuletzt soll die Reihe 'Qualitative Soziologie' den Sinn dafür schärfen, wie die Soziologie selbst an sozialer Praxis teilhat.

Finanzmarkt und Temporalität

Imaginäre Zeit und die kulturelle Repräsentation
der Gesellschaft

von Andreas Langenohl

 Lucius & Lucius · Stuttgart

Anschrift des Autors

PD Dr. Andreas Langenohl
Justus-Liebig-Universität Gießen
Sonderforschungsbereich 434 "Erinnerungskulturen"
Institut für Soziologie
Karl-Glöckner-Str. 21 E
D-35394 Gießen
andreas.langenohl@sowi.uni-giessen.de

Diese Arbeit ist im Sonderforschungsbereich 434 "Erinnerungskulturen" am Fachbereich Sozial- und Kulturwissenschaften der Justus-Liebig-Universität Gießen entstanden und wurde auf Veranlassung des Sonderforschungsbereichs unter Verwendung der ihm von der Deutschen Forschungsgemeinschaft zur Verfügung gestellten Mittel gedruckt.

Bibliografische Information der Deutschen Nationalbibliothek

Die Deutsche Nationalbibliothek verzeichnet diese Publikation in der Deutschen Nationalbibliografie; detaillierte bibliografische Daten sind im Internet über http://dnb.d-nb.de abrufbar.

ISBN 978-3-8282-0367-9
© Lucius & Lucius Verlagsgesellschaft mbH Stuttgart 2007
    Gerokstr. 51, D-70184 Stuttgart
    www.luciusverlag.com

Druck und Einband: Rosch-Buch, Scheßlitz

Printed in Germany

Argwöhnische Menschen geben an, daß Lucifer
die Börse erfand, da er die Spekulanten durch
sein Versprechen täuschte, daß sie wie Gott
Etwas aus Nichts schaffen könnten.

Joseph de la Vega, „Die Verwirrung der Verwirrungen",
Amsterdam 1688

Inhalt

Vorwort

Dieses Buch bündelt einige Ergebnisse des soziologischen Forschungsprojekts „Professionelle Erinnerung an der Börse: Die Markt-Zeit der Globalisierung", das Teil des kulturwissenschaftlichen Sonderforschungsbereichs 434 „Erinnerungskulturen" an der Justus-Liebig-Universität Gießen ist und dessen Leiter ich bin. Ohne diese Rahmung durch den Sonderforschungsbereichs und ohne die Unterstützung seiner beiden Sprecher in den letzten vier Jahren, Günter Oesterle und Jürgen Reulecke, wäre die Studie nie entstanden. Ich möchte daher dem SFB und, neben den beiden Sprechern, besonders den wissenschaftlichen Koordinatorinnen Almuth Hammer und Birgit Neumann für die kollegiale und Disziplinen übergreifende Unterstützung bei der Verwirklichung meiner etwas ungewöhnlichen Idee danken, Erinnerung und Temporalität – d.h. die kulturellen Beziehungen zwischen Vergangenheit, Gegenwart und Zukunft – dort zu untersuchen, wo sie von Gesellschafts- und Kulturwissenschaften nicht primär vermutet werden: an den Finanzmärkten.

Ebenso wäre die vorliegende Studie undenkbar ohne die FinanzmarktexpertInnen, die sich zu Interviews bereit erklärt haben. Wenn ich sie auch wegen der ihnen zugesicherten Anonymität nicht namentlich nennen kann, möchte ich ihnen doch hier meinen großen Dank aussprechen.

Helmut Dubiel gebührt mein herzlicher Dank für institutionelle Unterstützung, für die Bereitstellung von Diskussionsmöglichkeiten für die Ideen, auf denen das vorliegende Buch basiert, und vor allem für die Ermutigung zu einer gesellschaftstheoretischen Erweiterung eines wirtschaftssoziologischen Themas. Jörg Bergmann (Universität Bielefeld), Jürgen Schraten (Justus-Liebig-Universität Gießen), Karyn Ball (University of Alberta), Susanne Soederberg (Queen's University at Kingston) und Wayne Hope (Auckland University of Technology) danke ich für inspirierende, kritische und fachkundige Kommentare und Anregungen zur Verschränkung zwischen Kultur, Ökonomie und Gesellschaft, die ein zentrales Anliegen der vorliegenden Untersuchung darstellt.

Ganz besonders gilt meine Dankbarkeit Kerstin Schmidt-Beck, meiner Mitarbeiterin im Teilprojekt. Die Ideen, Interpretationen und Argumente dieses Buchs gehen in einem weitaus höheren Maße auf die Zusammenarbeit mit ihr in den letzten vier Jahren zurück, als ich es hier vermitteln kann. Kerstin Schmidt-Beck und ich haben nicht nur gemeinsam das Interviewmaterial, auf dem die vorliegende Studie basiert, codiert, interpretiert und die qualitative Stichprobe strukturiert, sondern auch einzelne Aspekte unserer Forschungen in Artikeln und Arbeitspapieren niedergelegt und auf verschiedenen internationalen Konferenzen vorgestellt. Ohne ihren Einsatz, ihre Souveränität in unseren gemeinsamen Analyseanstrengungen und ihre fachlich nicht nur höchst produktiven, sondern auch faszinierenden Kommentierungen wäre ich kaum in der Lage gewesen, das gemeinsam erhobene und analysierte Material so aufzubereiten, dass daraus dieses Buch entstehen konnte.

Einleitung: Markt, Gesellschaft und Kritik

Die vorliegende Studie wirft einen kultursoziologischen Blick auf die Finanzmärkte. Sie thematisiert die Sinndimension dieser Märkte und ihren Wechselbezug mit der kulturellen Repräsentation der Gesellschaft: es geht darum, wie sich finanzmarktliche Sinngebungsprozesse darauf auswirken, wie wir uns die Gesellschaften vorstellen, in denen wir leben. In diesem Anliegen verortet sich die Untersuchung in einem Forschungsfeld, das seit verhältnismäßig kurzer Zeit als „Soziologie der Finanzmärkte" bezeichnet wird (vgl. Knorr Cetina/Preda 2005). Im Hinblick auf die Relation der Finanzmärkte zu gesellschaftlich institutionalisierten Deutungsmustern hat die internationale Soziologie der Finanzmärkte zwei verschiedene Positionen im Repertoire. Zum einen wird, im Anschluss an Mark Granovetter (1985), der Standpunkt vertreten, dass Märkte, und eben auch die Finanzmärkte, immer schon sozial und kulturell „eingebettet" seien (Abolafia 1996, 1998; Sassen 1991, 2005; Power 2005, 2005a; Clark/Thrift 2005; Clark/Thrift/Tickell 2004). Zum anderen wird das gegenteilige Argument entwickelt, dass sich die Dynamik der Finanzmärkte von der der „Realwirtschaft" und des gesamten gesellschaftlichen Unterbaus entkoppelt und eine Gewinnmaximierungslogik sui generis entwickelt habe (Albert 1999; Castells 1996; Baudrillard 1992, 2000; Knorr Cetina/Bruegger 2002; Knorr Cetina 2005).

Mit der Ausnahme der Studien Karin Knorr Cetinas und Urs Brueggers, auf die später detaillierter eingegangen wird (Kapitel 1, Abschnitt a), vermeiden es beide Richtungen jedoch eigentümlicherweise, auf den kulturellen *Wechselbezug* zwischen Finanzmärkten und Gesellschaft einzugehen. Im Falle der ersten Richtung – nennen wir sie „Einbettungsthese" – lautet das Argument, dass die Finanzmärkte in ihrem prozessualen Kern durch soziale Strukturen und kulturelle Bedeutungen institutionalisiert und sinnhaft gerahmt seien. Die unvermeidliche Folge dieses Arguments ist, dass die kulturelle Bedeutung dieser Märkte auf jene ihnen unterliegenden Strukturen und Bedeutungen reduziert wird. Die Sinndimension der Märkte wird somit aus ihrer kulturellen und gesellschaftlichen Institutionalisierung abgeleitet. Aus Sicht der Einbettungsthese kann die Frage nach der Sinnbedeutung der Tatsache, dass es sich bei Märkten um *ökonomische* Zusammenhänge handelt, daher nicht gestellt werden.

Was die zweite Richtung betrifft – sie sei als „Entkopplungsthese" bezeichnet – so wird die kulturelle Bedeutung der Finanzmärkte gerade in ihrer fehlenden Sinnhaftigkeit für den Rest der Gesellschaft gesehen. Wohl werden die ökonomischen Auswirkungen beschrieben, allen voran die Tendenz, dass sich die Profitmaximierungslogik des „Informationskapitalismus" (Castells 1996), der durch die Finanzmärkte repräsentiert sei, gegenüber der industriell-kapitalistischen Profitmaximierungslogik durchsetze, dass also die Logik der Steigerung von Wertpapierkursen von Unternehmen („shareholder value") die Erhöhung ihrer Produktivität dominiere (Albert et al. 1999). Aus der Sicht der Entkopplungsthese erscheint allerdings die Frage nach dem kulturellen Widerhall dieser Entkopplung als nachgeordnet, weil sie hinter der Rekonstruktion des Loslösungsprozesses und seiner ökonomischen Folgen verschwindet.

Diese beiden Positionen widersprechen einander nicht notwendigerweise. Die Arbeiten von Saskia Sassen (1991, 2005) zeigen, dass es zu finanzökonomischen Entkopplungsprozessen gerade als Folge bestimmter sozialer und soziokultureller Rahmungen kommt. Ihr Argument lautet, dass die technologische, juristische und kommunikative Institutionalisierung der globalen Finanzmärkte nur durch eine hohe professionelle Dichte an bestimmten geografischen Knotenpunkten, den „global cities", möglich wird. Nur durch die face-to-face-Kommunikation ermöglichende soziale Dichte von Professionellen in solchen urbanen Agglomerationen – in Zentralen transnationaler Unternehmen, internationalen Anwaltskanzleien, Unternehmensberatungen, *cutting edge*-Technologie- und Werbefirmen – könnten hoch voraussetzungsvolle und wenig standardisierte Finanzprodukte und -dienstleistungen entstehen und innerhalb der komplizierten Informationsinfrastruktur der globalen virtuellen Märkte zirkuliert werden. Um die Frage der Sinnbedeutung solcherart institutionalisierter Finanzmärkte für die Repräsentation der Gesellschaft stellen zu können, setzt der hier verfolgte Ansatz indes an einem anderen Aspekt der Untersuchungen Sassens an, nämlich an der Rolle von *Professionellen* bei der Instituierung der Finanzmärkte und der Herstellung kultureller Bezüge zwischen Finanzmarkt und Gesellschaft. Das empirische Material, das der vorliegenden Untersuchung zugrunde liegt, besteht aus 30 Leitfadeninterviews mit Finanzprofessionellen, die im Finanzdistrikt von Frankfurt a.M. beschäftigt sind bzw. waren. Ihre Interpretation und theoretische Rahmung wird es erlauben, im Kontrast zur Einbettungsthese die Frage nach der kulturellen Wechselwirkung der Finanzmärkte und der Repräsentation der Gesellschaft zu stellen, ohne ihre Wirkrichtung durch eine ökonomistische Setzung zu präjudizieren, wie es die Entkopplungsthese tut.

Die Vorgehensweise, die kulturelle Dimension der Wirtschaft unter Bezug auf Berufstätigkeit und berufliches Handeln zu erhellen, hat in der Soziologie eine gewisse Tradition, genauer gesagt, mindestens zwei verschiedene. Die frühen Studien von Max Weber zur protestantischen Arbeitsethik und der Institutionalisierung von Wirtschaftsbeziehungen auf der Grundlage religiöser Affinitäten haben das Konzept des „Berufs" in einen kulturell gedachten Zusammenhang mit der Wirtschaft, dem Kapitalismus und seiner gesellschaftsdifferenzierenden Wirkung gestellt. Dieser These nach waren es bestimmte protestantische Glaubenssätze, die das Selbstkonzept eines wirtschaftenden Subjekts erstmals in die Richtung einer „Berufstätigkeit", d.h. einer durch Prinzipien geleiteten und zweckrational orientierten Manipulation der Umwelt, entwickelten. Die enorme gesellschaftsdifferenzierende Kraft des Kapitalismus, wenn sie sich auch später verselbständigte und nichts als einen „reinen Utilitarismus" (Weber 1988 [1920]:

205) übrig ließ, war doch in ihrer Genese auf die religiösen Überzeugungen und die durch sie angeleitete Berufs-Lebensführung des asketischen Protestantismus rückbezogen. In der funktionalistischen Soziologie Émile Durkheims, der mit Weber zwar nicht dessen rekonstruktiv-verstehenden Ansatz, wohl aber das Interesse an der Organisation wirtschaftlicher Tätigkeit teilte, ist die Spezialisierung dieser Tätigkeit das zentrale Vehikel, in dem sich die arbeitsteilige (funktionale) Differenzierung der Gesellschaft vollzieht: Ursprünglich eingeleitet durch die Steigerung der Interaktionsdichte an Ballungsorten, die auf die wachsende Bevölkerung zurückzuführen ist, findet, mit dem funktionalen Sinn der sozialen Konkurrenzvermeidung, eine immer fortschreitende Differenzierung und Aufgliederung von Tätigkeiten statt, die der Reproduktion der Gesellschaft dienen und gerade durch ihre Aufgliederung eben zu „Berufen" werden (Durkheim 1988 [1893], 1991 [1937]).

Aus der Sicht der vorliegenden Studie, die nach den kulturellen Wechselbeziehungen zwischen Finanzmärkten und der kulturellen Repräsentation der Gesellschaft fragt, besteht die Pointe beider Ansätze darin, dass sie von solchen Wechselbeziehungen zwischen der kulturellen Dimension beruflicher Wirtschaftstätigkeit und der wirtschaftlich induzierter Makrostrukturen ausgehen, ohne diese als ein Verhältnis der Konkordanz oder Homologie zu entwerfen. Stattdessen stellen sowohl Weber als auch Durkheim die kulturell spannungsvolle und dynamische Beziehung zwischen Wirtschaft und Gesellschaft heraus. Für beide Soziologen besteht das theoretische Scharnier, das zwischen der kulturellen Dimension beruflicher Wirtschaftstätigkeit und der durch diese Tätigkeit mitbedingten Makrostrukturen vermittelt, in der durch jene Wirtschaftspraxen hervorgerufenen Differenzierung der Gesellschaft. Während von Weber diese Differenzierung in der Entstehung eigenlogisch integrierter Wertsphären erblickt wird, die u.a. zu einer operativen Schließung kapitalistischer Profitmaximierungsprozeduren und einer Verselbständigung von Zweckrationalität führt (Weber 1988a [1920]), ist es bei Durkheim die funktional differenzierte Gesellschaftsstruktur, die durch die Spezialisierung wirtschaftlicher Tätigkeiten herbeigeführt wird und ihrerseits zur Abnahme des Homogenitätsgrades des „Kollektivbewusstseins" führt (Durkheim 1992 [1893]: 344-417). Die Wechselwirkung zwischen der kulturellen Dimension wirtschaftlicher Tätigkeiten und der durch diese Tätigkeiten induzierten wirtschaftlichen Strukturen wird also von Durkheim und Weber in einem modernisierungstheoretisch verallgemeinerten Ablaufnarrativ rekonstruiert. Dieses Narrativ verheißt aber nicht die Konkordanz wirtschaftspraktischer Orientierungen und gesellschaftlicher Werte und Normen, sondern installiert gerade die dynamisierende *Kluft* zwischen gesellschaftlich institutionalisierten kulturellen Mustern und der kulturellen Dimension wirtschaftlichen Handelns als das zentrale Charakteristikum moderner Gesellschaften: Während Weber die motivationalen Grundlagen sozialen Handelns durch eine Verselbständigung von Zweckrationalität gefährdet sieht, ist Durkheim wegen der drohenden gesellschaftlichen Anomie besorgt, die durch die sich stets weiter verästelnden Prozesse sozialer Arbeitsteilung heraufbeschworen wird.

In jüngster Zeit ist die sinnhafte Komponente dieser Dynamisierung, die durch eine Nichtübereinstimmung der kulturellen Grundlagen wirtschaftlichen Handelns und gesellschaftsübergreifender Sinnbezüge konstituiert wird, erneut in den Fokus soziologischen Interesses gelangt. Luc Boltanski und Ève Chiapello (2003) argumentieren in ihrer gegenwartsdiagnostischen Studie, dass der gegenwärtige Kapitalismus die ihn prägenden Sinnbezüge aus der Einverleibung einer Kritik bezogen habe, die seit den 1960er Jahren an ihm geübt worden sei. Dieses empirische Argument, dessen theoretischer Logik zufolge, in Anlehnung an Webers Rekonstruktion des Ursprungs der protestantischen Arbeitsethik, kapitalistisches Wirtschaftshandeln und kapitalistische Strukturen in einer außerwirtschaftlichen Legitimation begründet sein müssen (s. auch Kocyba 2005), besagt, dass im Zuge der politischen Bewegungen der 1960er Jahre die ästhetische Kritik am bürokratischen Kapitalismus zu einer Lage geführt habe, in der dieser seine gesellschaftliche Legitimität weitgehend eingebüßt habe. Damals weit verbreiteten Forderungen nach Selbstverwirklichung, Autonomie und Kreativität habe innerhalb der bürokratisch-kapitalistischen Formation nicht entsprochen werden können. Die Re-Legitimierung wirtschaftlicher Tätigkeit im Rahmen von Wirtschaftsorganisationen sei dadurch zustande gebracht worden, dass jene ästhetische Kritik in die Selbstbeschreibung wirtschaftlicher (Berufs-)Tätigkeit integriert worden sei: Die AutorInnen diagnostizieren seit den 1970er Jahren ein Anschwellen an akademischer Management-Literatur, die genau die Werte als Maximen wirtschaftlicher Professionalität in den Vordergrund rückt, die einige Jahre zuvor mit dem Ziel einer Kritik des Kapitalismus artikuliert worden waren: Selbstverwirklichung statt Entfremdung; Autonomie statt Heteronomie; Kreativität statt Routinisierung. Es geht also um die Einverleibung kultureller Kritik durch den Kapitalismus, d.h. die Transformation einer Kapitalismuskritik in eine kapitalistischem Handeln zugrunde liegende kulturelle Norm. Diese Norm, die nach Boltanski und Chiapello dem „neuen Geist des Kapitalismus" als kulturelle Rahmung zugrunde liegt, ist die Gerechtigkeitsnorm der „projektbasierten Polis", der zufolge Gratifikationen gemäß der biografischen Selbstorganisierung des in der Wirtschaft tätigen Individuums verteilt würden (Boltanski/Chiapello 2003: 147-187). Die AutorInnen schließen mit einigen Spekulationen über Möglichkeiten einer erneuerten Kritik des „Netzwerkkapitalismus" und treten damit performativ in die Logik ihrer Argumentation ein.

Die vorliegende Untersuchung verdankt der Studie Boltanskis und Chiapellos den Anstoß, die dynamisierende Kluft zwischen gesellschaftlichen Sinnbezügen und den kulturellen Orientierungen von Wirtschaftshandeln als *Praxis der Kritik* zu theorisieren. Diese muss empirisch rekonstruiert werden, bevor man sich der normativen Frage nach den Möglichkeiten einer intellektuellen Kritik am Neoliberalismus als epistemischem Kulminationspunkt gegenwärtiger Tendenzen der „Vermarktlichung" (Neckel 2001, ders., 2005, Neckel/Dröge/Somm 2004) zuwenden kann. Die theoretische Perspektive besteht darin, die sinnhafte Verschränkung zwischen den Finanzmärkten und der kulturellen Repräsentation der Gesellschaft in der empirischen Kritik dieser Märkte durch diejenigen zu verfolgen, die kraft ihrer professionellen Tätigkeit an deren Institutionalisierung beteiligt sind. Es geht also um die Kritiken, die innerhalb der Banken, Fondsgesellschaften, Börsen, Analyse- und Brokerhäuser artikuliert werden, durch die sich der globale Finanzmarkt erst instituiert. Diese Kritik, das wird die empirische Analyse von Interviews mit Finanzmarktprofessionellen zeigen, macht sich in Bezug auf die Finanzmärkte an der *temporalen Ordnung* dieser Märkte fest. In besonderem Maße werden kurzfristige Anlagehorizonte, Gewinnerwartungen und die sich nicht an fundamentalen Wirtschaftsdaten orientierende „Irrationalität" von Marktteilnehmern kritisiert, während eine langfristige und rational an die Entwicklung der Realwirtschaft rückgebundene Ordnung als Normalfall des Finanzmarktes und normativer Maßstab finanzprofessionellen Handelns angesehen wird.

Die Behauptung einer solchen langfristigen Ordnung im Hinblick auf Finanzmärkte ist per se prekär. Ganz abgesehen von sehr frühen Zweifeln an einer angeblich wohlgeordneten Teleologie und langfristigen Berechenbarkeit der Terminmärkte, die von Joseph de la Vega (1994 [1688]) und Max Weber (1988 [1894]) zum Ausdruck gebracht wurden, ist spätestens seit den 1930er Jahren eine wettbewerbstheoretische Begründung für das Vorherrschen *kurz*fristiger Kalküle und Dynamiken an den Finanzmärkte geliefert worden. Die Rede ist von den Arbeiten John Maynard Keynes'. Es lohnt die Erinnerung an einige seiner den Finanzmarkt betreffenden Kernaussagen. Bereits 1923 hatte Keynes seine berühmte Kritik an langen Zeithorizonten in der wirtschaftstheoretischen Modellbildung seiner ökonomischen Kollegen in den oft zitierten Satz gebracht: *„In the long run* we are all dead", und hinzugefügt: "Economists set themselves too easy, too useless a task if in tempestuous seasons they can only tell us that when the storm is long past the ocean is flat again." (Keynes 1971 [1923]: 65) In den 1930er Jahren übertrug er diese Kritik an der Aussagekraft langfristiger Wirtschaftsprognosen auf das Handeln an den Börsen, d.h. auf die Fiktivität der Möglichkeit langfristiger Investitionen: Die meisten Investoren "are, in fact, largely concerned, not with making superior long-term forecasts of the probable yield of an investment over its whole life, but with foreseeing changes in the conventional basis of valuation a short term ahead of the general public" (Keynes 1997 [1936]: 154). Der langfristige Investor sei daher an den Börsen eine extrem unwahrscheinliche Erscheinung, denn "it is the long-term investor, he who most promotes the public interest, who will in practice come in for most criticism... For it is in the essence of his behaviour that he should be eccentric, unconventional and rash in the eyes of average opinion." (Keynes 1997 [1936]:

157) Diese Aussagen Keynes' lesen sich wie eine Kritik zentraler Theoreme der 30 Jahre später artikulierten, neoklassischen Finanztheorie (Fama 1970; Fama/Miller 1972; s. Kapitel 3, Abschnitt a) *avant la lettre*, insbesondere des Theorems der rationalen Erwartungen, welches besagt, dass alle TeilnehmerInnen eines effizienten, d.h. transparenten Marktes auf lange Sicht zu denselben Erwartungen bezüglich seiner Struktur und der Wahrscheinlichkeitsverteilung zukünftiger Preisbildungen gelangen werden (s. Best 2003: 370).

Angesichts jener, wenn auch vorzeitigen, Kritik Keynes' stellt sich die Frage, wie die neoklassische Finanztheorie wiederum 30 Jahre später, in der Gegenwart, zum Generator von Normen bezüglich des Funktionierens von Märkten hat werden können, die selbst dann aufrechterhalten werden, wenn ihre Kontrafaktizität offensichtlich ist. Es wird auf einer langfristigen Teleologie und Ordnung der Märkte insistiert, obwohl praktisch alle Marktteilnehmer mit kurzfristigem Horizont handeln. Es geht der vorliegenden Studie aber nicht um eine ideologiekritische Aufklärung dieser Aufrechterhaltung einer kontrafaktischen Ordnungsnorm, sondern um ein Verständnis ihrer Bedeutung für die Sinnbeziehungen zwischen Gesellschaft und Finanzwirtschaft. Die Fragen lauten somit: Welche kulturelle Bedeutung hat das professionelle Festhalten an einer imaginären, langfristigen Markt-Zeit angesichts des beobachtbaren Vorherrschens kurzfristiger und fundamental nicht begründeter Entwicklungen an den Finanzmärkten? Welchen gesellschaftlichen Sinn hat die professionelle Kritik eines beobachtbaren (kurzfristigen) Markthandelns vor dem normativ gesetzten Hintergrund eines idealen (langfristigen) Markthandelns in der kulturellen Verschränkung von Finanzökonomie und Gesellschaft?

Diese Fragen werden durch den oben ausgeführten, theoretischen Zugriff angegangen, empirische Kritiken des Kapitalismus als eine wichtige sinnhafte Schnittfläche und ein dynamisierendes Moment zwischen Wirtschaft, Gesellschaft und Kultur zu sehen. Die empirische Analyse wird zeigen, dass bestimmte, durch Professionelle dem Finanzmarkt zugeeignete Temporalitätskonzepte zentrale Interpretamente darstellen, in denen sich die sinnhafte Interdependenz des Finanzmarktes und der kulturellen Repräsentation der Gesellschaft manifestiert. Die Studie stützt sich auf Leitfadeninterviews mit Finanzprofessionellen in Frankfurt a.M., die in den Jahren 2003 und 2004 durchgeführt wurden.

Die Einleitung beschließend folgt eine Übersicht über den Aufbau der Untersuchung. In Kapitel 1 wird die repräsentationale Dimension von Markthandeln zunächst auf phänomenologischer Grundlage erörtert. Daran anschließend lautet das zentrale theoretische Argument dieses ersten Kapitels, dass der ökonomische „Mechanismus" der Preisbildung die Vorstellung eines Marktes als abstrakte Größe voraussetzt und somit mit der Emergenz von Kollektivvorstellungen verbunden ist. Die Besonderheit von Finanzmärkten besteht darin, dass sie diese meist im Impliziten verbleibende Repräsentanz des Marktes in die Explizität überführen, da der Entscheidung über Kauf und Verkauf Vermutungen über die Erwartungshaltungen und Handlungsweisen der anderen Marktteilnehmer notwendig zugrunde liegen. Kapitel 2 besteht in weiten Teilen aus einer fallrekonstruktiven Auseinandersetzung mit den Interviews, bei der die Erschließung der Kritiken, die Finanzprofessionelle an den Finanzmärkten üben, im Vordergrund steht. Diese Analyse zeigt, dass sich die Kritik vornehmlich gegen die Umstände richtet, die in den Augen der Finanzprofessionellen für kurzfristige turbulente Entwicklungen – so genannte „Irrationalitäten" – an den Finanzmärkten sorgen. Diese Kritik wird in den Interviews aus der Perspektive einer professionellen Norm formuliert, die langfristige Entwicklungen betont und von der Annahme der Rationalität und Effizienz der Finanzmärkte ausgeht, d.h. von der Anbindung ihrer Dynamik an die der „Realwirtschaft". Kapitel 3 theorisiert dieses Resultat vor dem Hintergrund der Frage nach der Bedeutung der Entgegensetzung zwischen normativer langfristiger Rationalität und faktischer kurzfristiger Irrationalität der Finanzmärkte für die kulturelle Repräsentation der Gesellschaft. Kapitel 4 fasst die zentralen Argumente zur kulturellen Wechselbeziehung zwischen Finanzwirtschaft und der Repräsentation der Gesellschaft zusammen und stellt dieses Ergebnis in den Kontext der Frage von Weber, Boltanski und Chiapello nach den gesellschaftlichen Repräsentationen, die den Kapitalismus legitimieren, eine Frage also, die man mit Blick auf das hiesige Erkenntnisinteresse folgendermaßen zuspitzen könnte: Wie ist der Finanzmarkt möglich?

1. Rekursivität und Reflexivität an den Finanzmärkten

a) Der Markt als Kooperationsmodus

In der gegenwärtigen Diskussion um den Einfluss des Marktes auf den sozialen Zusammenhalt werden zumeist Aspekte herausgestellt, die sich auf den Markt als ein Prinzip der Zuteilung von Ressourcen und Gratifikationen beziehen. So argumentieren etwa Sighard Neckel, Kai Dröge und Irene Somm (Neckel 2001, 2005; Neckel/Dröge 2002; Neckel/Dröge/Somm 2004), dass die Tendenz zur „Vermarktlichung" vieler Bereiche der Gegenwartsgesellschaft in einer Art kulturellen Entgegenkommens der lebensweltlichen Orientierungen begründet sei, die marktförmige Formen der Gestaltung und Bewertung sozialer Beziehung als Normalfall erscheinen lasse, und erblicken diese Tendenz in der Umstellung von einer Leistungs- auf eine Erfolgslogik bei der Artikulation gesellschaftlicher Gerechtigkeitsnormen und Zuteilungsprinzipien von Lebenschancen (s. auch Pongratz 2003, Menz/Siegel 2001, Menz 2005). Dieses Argument steht im Kontext zeitdiagnostischer Arbeiten, die herausstellen, dass wettbewerbsförmige Zuteilungsweisen von Sozialprestige, ökonomischen Ressourcen und generell Lebenschancen in gegenwärtigen, durch die „neoliberale" Ideologie dominierten Gesellschaften immer neues Terrain eroberten, dadurch prekäre Lebensverhältnisse zunähmen und generell soziale Ungleichheiten sich verschärften (Butterwegge 2005, Hepp 2005). Die durch die systemische Integration der Ökonomie vorangetriebene Tendenz zur Ökonomisierung von immer weiteren gesellschaftlichen Bereichen (Habermas 1995 [1981]) stoße deswegen nicht auf lebensweltlichen Widerstand, sondern finde dort ihr soziokulturell homologes Korrelat (Neckel 2005).

Diese soziologische Argumentation ist einer nicht bloß akademischen, sondern allgemeineren gesellschaftlichen Tendenz zuzuordnen, den Markt von dem aus zu denken, was er erobert bzw. was einmal gemäß einer anderen Logik verteilt oder organisiert war. Zu ihr gehören auch politikwissenschaftliche bzw. politisch-ökonomische Studien, die sich mit Modi der Allokation und Redistribution von Gütern auseinandersetzen und seit dem Untergang der Sowjetunion einen allgemeinen Bedeutungszuwachs marktförmiger Allokations- und Redistributionsmechanismen feststellen (Strange 1996). Es geht jedenfalls um die Frage, nach welchen Prinzipien bestimmte materielle und ideelle Güter verteilt und Gerechtigkeitsnormen gesetzt werden.

Dies ist nicht die Perspektive der vorliegenden Studie. Es geht in ihr um die kulturelle Bedeutung ökonomischer Handlungsorientierungen und nicht um die Bedeutung des Überhandnehmens solcher Orientierungen oder um die Verselbständigung ihrer strukturellen Folgen. Zur Debatte steht nicht nur um die andersartige Verteilung von Gütern auf der Grundlage einer marktförmigen Vergabelogik, sondern auch die Struktur der Handlungsmuster, die dieser Vergabelogik zugrunde liegen, und um deren sinnhafte Verschränkung mit der kulturellen Repräsentation der Gesellschaft. Aus einer sehr grundsätzlichen soziologischen Sicht repräsentiert der Markt nämlich nicht bereits einen bestimmten Mechanismus der Allokation und Redistribution welcher Güter auch immer, sondern einen bestimmten Handlungstyp und Modus der Kooperation, der von anderen Handlungstypen und Modi der Kooperation abgegrenzt ist.

Eine solche Sichtweise stellt daher nicht die Unterschiedlichkeit der Logiken von Staat und Markt in den Vordergrund, welche im Übrigen aus gesellschaftstheoretischer Perspektive anzweifelbar ist. Weber (1980 [1921]: 815) wies darauf hin, dass „der rationale Staat, in dem allein der moderne Kapitalismus gedeihen kann", mit letzterem die Fokussierung auf Zweckrationalität gemein habe. Habermas (1995 [1981]) hat dem die Charakterisierung hinzugefügt, dass sowohl die politische Administration als auch die kapitalistisch organisierte Ökonomie sich durch die „systemische" Verschränkung der Handlungsfolgen von Individuen auszeichneten. Aus handlungstheoretischer Perspektive bildet das dem Markt entgegengesetzte Prinzip daher weder der Staat noch irgendwelche andere Regulationsregime auf der Makroebene. Das dem Markt entgegengesetzte Prinzip stellt sich aus Akteursperspektive stattdessen als die *Organisation* dar. Ein erster Hinweis findet sich bei Talcott Parsons, der zwischen bürokratisch-organisationalen, marktförmigen und professionellen Weisen der Zurechnung von Verantwortung (*accountability*) und darin begründeten sozialen Kontrolle unterschied. Dabei seien marktförmige Strukturen durch eine weitgehende Eigenverantwortung des Subjekts geprägt, das damit rechne, durch ein anonymes Publikum bewertet zu werden, während organisationsförmige soziale Kontrollmechanismen auf bürokratisch verfestigten Strukturen der geregelten Fremdzurechnung von Verantwortung durch Vorgesetzte beruhten (Parsons 1978 [1969]: 37-39; s. auch Wenzel 2005 und Klatetzki 2005). Auf das dritte soziale Kontrollregime, das Parsons herausstellt, nämlich die Kooperation unter Professionellen, wird später (Kapitel 2, Abschnitt c) näher eingegangen werden. Im Augenblick genügt es festzuhalten, dass sich die soziologische Besonderheit von Markthandeln beispielhaft durch eine Gegenüberstellung mit Handeln in organisationalen Kontexten deutlich machen lässt: während in letzteren die Zurechnung eigener Handlungsfolgen auf das Individuum durch eine vorfestgelegte Instanz – eine Autorität – erfolgt, ist die sanktionierende Instanz im ersteren Fall eine amorphe Menge, nämlich „the common sanctions of economic inducement as this operates in market systems" (Parsons 1978 [1969]: 45).

Dies wird noch deutlicher, wenn man in Betracht zieht, wie sich die Bedingungen der Kooperation unter marktförmigen und unter organisierten Bedingungen aus der Sicht des Subjekts darstellen. Während man letzteres als normgeleitetes Handeln im klassischen Sinne bezeichnen kann, in dem sich die Akteure mit wechselseitigen Unterstellungen von *homines sociologici* begegnen können, weil es ein ausgearbeitetes Sanktions- und Gratifikationssystem gibt und deswegen ein Vertrauen in das normkonforme Verhalten der Anderen entstehen kann (vgl. Luhmann 1964), stellt ersteres grundsätzlich Handeln unter Unsicherheit dar, weil Sanktions- und Gratifikationssysteme auf der Grundlage von Normen fehlen und deswegen auch kein Vertrauen entstehen kann. Die klassischen ethnologischen Studien von Bronislaw Malinowski (1979 [1922]: 217-231) zur Kula-Ökonomie auf den Trobriand-Inseln machen diese Unterscheidung sehr deutlich. Malinowski unterscheidet in der von ihm studierten Inselregion zwischen insgesamt sieben Typen des Tauschs von Gegenständen bzw. Dienstleistungen, von denen sechs zeremonieller Natur und damit Funktionen sozialer Normierung sind: sie dienen der Aufrechterhaltung sozialer Prestigeordnungen und kultureller Sinngefüge. Die siebte Form des Tausches, der „reine Handel", wird Malinowski zufolge von den Indigenen deutlich gegenüber den zeremoniellen Formen des Tauschs abgegrenzt und auch hinsichtlich ihres Prestiges abgewertet, wobei es insbesondere Manifestationen von Merkmalen des *homo oeconomicus* sind, die am reinen Handel verachtet werden: „sein Mangel an Zeremonie, die Zulässigkeit des Feilschens, die freie Art, in der er zwischen zwei Fremden stattfinden kann", schließlich das offene Zeigen von Interesse an den zu tauschenden Gegenständen (Malinowski 1979 [1922]: 230). Die Missachtung von und das Misstrauen gegenüber Handel erwächst offensichtlich aus dem Fehlen von Normen, ihren symbolischen Manifestationen und des durch sie repräsentierten sozialen und kulturellen Kontextes bei marktlichen Transaktionen.[1]

Kooperation in einer ideal marktförmigen Umwelt zwingt die Akteure somit, einander als rational auf den eigenen Vorteil bedachte *homines oeconomici* zu begegnen, weil sie nicht von der Normkonformität des Handelns ihres Gegenübers ausgehen können. Deswegen können die einzelnen Tauschakte auf einem Markt, im Gegensatz zu wiederholten Handlungen innerhalb der Organisation, aus sich selbst heraus keinerlei integrierende Wirkung entfalten: „Vertrauen" in den Anderen als verlässlichen Kooperationspartner kann sich nicht bilden, weil jeder einzelne Tauschakt stets unter dem Verdacht der Übervorteilung durch den anderen steht. Dies belegt auch die psychologische und ökonomische Entscheidungstheorie. Unter ideal marktförmigen, d.h. nicht durch Normen stabilisierten Bedingungen mögen sich zwar durchaus relativ stabile und vorhersagbare Kooperationsketten zwischen Individuen ergeben, die an ihrer Oberfläche die Stabilität normorientierten Handelns erreichen. Dies gilt etwa für Kooperationen zwischen Akteuren, von denen die Mehrzahl einer Tit-for-tat-Strategie folgen, d.h. die Handlungssequenz mit einer Kooperation eröffnen und in den darauffolgenden Handlungen die vorangegangenen Handlungen ihrer Partner replizieren (Axelrod 1987: 28). Eine solche Kette von Kooperationen ist indes in ihrer Tiefenstruktur nicht mit Handlungssicherheit in normativen Kontexten vergleichbar: erstens werden die Verhaltenserwartungen, die sich an die Anderen richten, zu keinem Zeitpunkt generalisiert, da das eigene Handeln ja auf einer Analyse der Handlungen jeweils konkreter Anderer beruht, weswegen zweitens die Kooperation stets prekär und irritierbar bleibt. Axelrod (1987: 112-152) zieht denn auch den Schluss, dass die „Evolution von Kooperation" ab einem bestimmten Grad die Entstehung sozialer Normierungsinstitutionen zwingend voraussetzen muss, denn diese behalten ihre Geltung auch bei zeitweiliger Nichtbefolgung bei (s. auch Vanberg 1987 sowie Baurmann 1996: 288).[2]

Beim marktförmigen Tausch handelt es sich somit, im Vergleich zur Organisation, um eine aus Akteursperspektive extrem aufwändige Form der Kooperation: Da Vertrauen als generalisierte, d.h. auch auf andere Beziehungen übertragbare Ressource in Tauschbeziehungen selbst nicht entstehen kann, beginnt das Eingehen jedes Tausches grundsätzlich mit einer Analyse des bisherigen Verhaltens des Kooperationspartners bzw. mit einer mühsamen Suche nach einem geeigneten Tauschpartner. Diese Grundschwierigkeit manifestiert sich auch heutzutage in der finanzmarktlichen Praxis der Arbitrage, die darin besteht, dass regionale Preisunterschiede von Gütern ausgenutzt werden, wozu diese Gelegenheiten aber erst einmal gesucht werden müssen (s. für Währungsarbitrage Knorr Cetina 2005, für Arbitrage als Instrument der Portfolioverwaltung MacKenzie 2005).

Allerdings wird die Suche nach einem geeigneten und vor allem verlässlichen Tauschpartner in beträchtlichem Maße durch das generalisierte Tauschmedium Geld erleichtert, und zwar deswegen, weil Geld die Bildung von Preisen ermöglicht, die miteinander verglichen werden können. Preise, die sich in Einheiten eines generalisierten Tauschmediums manifestieren, erlauben es, die Güte des angebotenen Tauschs und damit die Güte der Kooperationsbeziehung zwischen Käufer und Verkäufer sehr leicht zu überprüfen. Man kann daher sagen, dass Preise in marktförmigen Kooperationsbeziehungen ein funktionales Substitut von Vertrauen in normorientierten Kooperationsbeziehungen darstellen, weil sie einen Vergleich ermöglichen: Preise ermöglichen es, sich durch einen minimal aufwändigen Vergleich der Güte der Kooperationsbeziehung und des einzugehenden Tausches zu versichern. Auf der Grundlage von Preisen wird Markthandeln in einer ähnlichen Weise routinisierbar wie Handeln in normativen Kontexten.[3]

b) Rekursivität und Reflexivität in der Preisbildung und die Repräsentanz des Marktes

Preise können als funktionales Substitut für Vertrauen nur deswegen wirken, weil sie Vergleiche ermöglichen. Handeln auf der Grundlage von Preisen wird möglich durch einen Vergleich des angebotenen mit anderen Preisen und wird in dem Moment aktualisiert, in dem der gebotene Preis für den Akteur mindestens dem wahrgenommen Durchschnitt entspricht oder günstiger erscheint. Das generalisierte Tauschmedium Geld, mithilfe dessen sich Preise bilden können, die dann wiederum den Aufbau von Vertrauen in die Marktbeziehung ermöglichen, ist somit durch die repräsentationale Hineinnahme des marktförmigen Kontextes in den individuellen Tauschakt bedingt: durch den Preis, dessen Vergleich mit anderen Preisen die Bestimmung der Güte einer Marktbeziehung ermöglicht, ist der gesamte Markt – also die Gesamtheit aller individuellen Tauschakte – in jedem einzelnen Tauschakt implizit mitrepräsentiert, weil sich Preise erst auf der Grundlage von Tauschakten mithilfe von Geld bilden. Die Bedeutung dieser zunächst im Impliziten verbleibenden Repräsentanz des Marktes zeigt sich explizit dann, wenn der Mechanismus der Preisbildung ins Stocken kommt. Der folgende Auszug aus einem Interview mit einer ehemaligen Händlerin, die sich an ihre Reaktionen auf die Nachrichten über die Terroranschläge am 11. September 2001 erinnert und daraus Erwartungen an die Zukunft formuliert, veranschaulicht dies:

> R: Khä – ähm – für die Zukunft beurteil ich das so dass natürlich Bewegung wenn weniger Märk-teilnehmer im Markt engagiert sin
>
> I: ja
>
> R: und weniger gleich Preise stellen hh – dass die Bewegung noch heftiger ausfallen könn.
>
> I: genau
>
> R: Weil einfach – hh ähm – zwischen – zwanzich Stellen plötzlich kein Preis mehr is weil niemand was macht - hh also die – hh die: – ähm - Fluktuation - noch stärker werden kann am Markt was wir auch feststellen - im Moment also – hh ähm – wir hamn – zwei – zweieinhalb Cent teilweise Bewegung – hh - auf hundert Stellen was damals – zwei äh: - zwei ä: i-im – Dollar Mark Bereich ja dann s doppelte war zwei Pfennig war hh – un s sind im Moment kein Problem für uns in die eine oder andere Richtung. Hh und das: - wird – denk ich weiterhin noch der Fall sein.
>
> I: mhm – mthä: - ok:
>
> R: Auch diese - sogenannte Volatilität hähähä

Der Vorgang, den die Respondentin schildert, besteht darin, dass die Zahl von Marktteilnehmern bei der Währungsarbitrage abnimmt, was dazu führt, dass Preisbewegungen innerhalb bestimmter Zeitspannen, die durch die Zahl der getätigten Geschäfte („Stellen") angegeben werden, heftiger ausfallen, weil jedes einzelne Geschäft sich proportional stärker auf die Preisbildung auswirkt. Im Extremfall reißt die Kette des Handels ganz ab, „weil niemand was macht", d.h. niemand in einer bestimmten Richtung (etwa Euro gegen US-Dollar) einen Tausch anstrebt, weswegen dann für dieses Produkt kein Preis mehr feststellbar ist. Dieses Verschwinden des Preises indiziert aus der Sicht der Respondentin das Verschwinden des kompletten Marktes: sobald keine Tauschakte mehr stattfinden, hört auch der Preis auf zu existieren. Daraus erklärt sich der Eindruck des Verschwindens einer Welt, der sich beim Lesen der Sequenz einstellt: in die individuellen Preise ist der gesamte Markt repräsentational mit hineingenommen, jeder einzelne Preis weist durch seine schiere Existenz auf die Totalität eines Marktes hin, die aber prekär bleibt.

Das Verhältnis, das zwischen Preis und Markt herrscht, ist somit eines der *kulturellen Repräsentation*: Der Preis kann nur auf der Grundlage der Annahme eines Marktes, d. h. einer Zahl von Tauschakten in derselben Ware, entstehen, und drückt durch seine Existenz die Existenz des letzteren aus. Dieses symbolische Verhältnis ist, soziologisch gesprochen, ein Aspekt der *Rekursivität*, die zwischen Preis und Markt besteht: Der rekursive Prozess der Orientierung durch Preise, der Tauschakte kognitiv ermöglicht, lässt diese nicht nur wiederum neue Preise hervorbringen, sondern auch die Repräsentanz des Marktes. Man könnte in Anlehnung an die von Giddens (1995: 81-88) vorgeschlagene Terminologie sagen, dass im rekursiven Prozess: Orientierung an Preis → Tauschakt → neuer Preis, der Markt als ein Signifikat emergiert. Der Prozesscharakter des Rekursivitätsverhältnisses bleibt allerdings im Alltag durch das „praktische Bewusstsein" (Giddens 1995: 91-95) weitgehend unbemerkt: obwohl Preise durch Tauschakte nicht nur exekutiert, sondern auch gebildet werden, bleiben es aus der Sicht des Akteurs doch vereinzelte Akte, die durch synchrone Vergleiche zustande kommen und aneinander unangeschlossen sind, d.h. keine Verlaufskette bilden und nicht zur Reproduktion oder Modifikation von Preisen führen. Der Preisvergleich des alltäglichen Einkaufs besteht für gewöhnlich darin, dass Preise in einer synchronen Vergleichsanordnung miteinander in Beziehung gesetzt werden, etwa zwischen unterschiedlichen Einzelhandelsgeschäften. Die ökonomische „Tatsache" der Abhängigkeit des Preises von Angebot und Nachfrage bleibt lebensweltlichen Akteuren in der Regel deswegen verborgen, weil das eigene preisbildende Handeln, als Scharnier des Rekursivitätsverhältnisses zwischen Tauschakt und Preis, nicht als solches zu Bewusstsein und zur Artikulation kommt.

Diese Rekursivität schlägt erst in dem Moment in *Reflexivität* um, d.h. wird subjektiv bewusst und sozial artikulierbar, wenn zum synchronen Vergleich von Preisen Erwartungen bezüglich *zukünftiger und unsicherer* Preise hinzukommen, d. h. wenn der Vergleich zwischen Preisen sich auf Preise bezieht, *die noch gar nicht gebildet sind*. Der Unterschied, der den Umschlag von einem rekursiven Verhältnis zwischen Tauschakt und Preis zu einem reflexiven Verhältnis zwischen ihnen zustande bringt, ist somit durch zwei Eigenschaften von Preisen begründet, die in den Preisvergleich eintreten müssen: Zukünftigkeit und Unsicherheit. Man kann die Bedeutung dieser Eigenschaften durch eine Kontrastierung von zwei Typen des diachronen Preisvergleichs deutlich machen. Nehmen wir einerseits einen Vergleich zwischen einem gegenwärtigen und einem bekannten zukünftigen Preis an, etwa wenn ein Einzelhandelsgeschäft ankündigt, vom morgigen Tag an auf alle Artikel 20 Prozent Nachlass zu gewähren, und zum anderen einen Vergleich zwischen einem gegenwärtigen und einem unbekannten zukünftigen Preis, etwa wenn sich einem Investor die Frage stellt, ob er Aktien lieber heute schon kaufen oder damit bis morgen warten soll, weil sie dann billiger sein könnten. Der Unterschied zwischen beiden diachronen Preisvergleichen kann wie folgt umrissen werden: Beim ersten Vergleich kann eine eindeutige Aussage bezüglich einer Kauf- oder Verkaufempfehlung abgegeben werden, weil der zukünftige Preis bekannt ist. Im zweiten Fall trifft beides nicht zu. Im ersten Fall ist die Preisänderung auf eine Entscheidung rückführbar, die mit der Dynamik von Angebot und Nachfrage, in Bezug auf das zu erwerbende/verkaufende Produkt, selbst nichts zu tun haben muss, sondern zum Beispiel eine strategische Unternehmensentscheidung sein kann. Im zweiten Fall entsteht die Unbekanntheit der Preisänderung dadurch, dass aus Sicht des Akteurs keine außermarktliche unabhängige Variable eingeführt werden kann, sondern nur das Spiel von Angebot und Nachfrage in Bezug auf das zu erwerbende/verkaufende Produkt – eben der „Markt" – für eine etwaige Preisänderung verantwortlich gemacht werden kann.

Anders gesagt: die Repräsentanz des Marktes, die im „praktischen Bewusstsein" des Alltags gewöhnlicher Weise im Impliziten verbleiben kann, tritt zusammen mit einer Unsicherheit in Bezug auf künftige Preisänderungen, die mit gegenwärtigen Preisen verglichen werden, in die Explizität. Die Vorstellung, dass der morgige Preis relevant für eine Tauschentscheidung im Heute ist und gleichzeitig von nichts anderem abhängt als den anbietenden und nachfragenden Anderen, die ebenfalls solche kognitiven Operationen durchführen, begründet die explizite Repräsentanz des Marktes in einem Zug mit seiner Reflexivität. Während von Reflexivität hier in dem Sinne zu reden ist, dass die Akteure ein Bewusstsein davon entwickeln, dass Preise, die sie für relevant halten, durch Erwartungen Anderer gebildet werden, begründet genau dieses Rechnen mit den Anderen, ihren Erwartungen und ihren (als angestrebte unterstellten) Tauschakten die explizite Vorstellung eines Marktes. Diese Vorstellung, die in den alltäglichen synchronen Preisvergleichen im Vorreflexiven verbleibt, wird in diachronen Vergleichen unter Unsicherheit kognitiv vorstellbar und sozial artikulierbar, d.h. ist als mentale und soziale Repräsentanz vorhanden.

Der Markt scheint als explizite Repräsentation in der Lücke auf, die durch den temporalen Unterschied zwischen Heute und Morgen und durch die Unsicherheit, ob und welchen preislichen Unterschied dieser temporale Unterschied macht, aufklafft. Die Explizität der Vorstellung eines Marktes, der ein eigenes Leben zu führen scheint, ist somit an die Bedingung der Erwartungsunsicherheit geknüpft, die die Form einer sehr fundamentalen Unsicherheit – nämlich bezüglich der Zukunft – annimmt. Dadurch wird die Routine des Handel(n)s, die ursprünglich durch die Preisbildung auf der Grundlage des generalisierten

Tauschmediums Geld ermöglicht worden war, wieder zurückgenommen, weil das Wissen um die gegenwärtigen Preise wertlos wird. Gemeinsam mit der expliziten Vorstellung eines Marktes entsteht somit bei den handelnden Akteuren der Bedarf nach Orientierungswissen, nach Wissen um diesen Markt.[4]

c) Die Reflexivität der Finanzmärkte und ihrer Wissensformen

Die Vorgänge an Finanzmärkten entsprechen der eben entwickelten idealtypischen Rekonstruktion von Markthandeln unter Unsicherheit ziemlich genau. Ihre starke Eigendynamik ist letztendlich in der Lücke der Temporalität und der Unsicherheit über ihre Bedeutung für die Preisbildung begründet. Schon John Maynard Keynes (1997 [1936]) hatte festgehalten, dass Finanzmärkte in einem außerordentlich hohen Maße durch Vermutungen über das zukünftige Verhalten Anderer bestimmt sind. Die verhaltenspsychologische Finanzforschung (*behavioral finance*) stellt seit den 1990er Jahren fest, dass Dynamiken an den Finanzmärkten weitgehend dadurch geprägt sind, dass Kauf- und Verkaufentscheidungen stets unter Beobachtung und Antizipation der Wahrscheinlichkeit der Kauf- und Verkaufentscheidungen Anderer stattfinden und gleichzeitig diese Wahrscheinlichkeit verändern, weil die Anderen ebenfalls solche Beobachtungen und Antizipationen anstellen (Shiller 1990; Shleifer/Vishny 1997; Shleifer 2000; für einen Überblick s. Menkhoff/Röckemann 1994). Diese Beobachtung von Beobachtung und Antizipation von Antizipation kann sich indes ausschließlich auf kumulierte Informationen, nämlich die Kurswerte, stützen, die die Motivstruktur der Entscheidungen verhüllen und nur ihr Ergebnis präsentieren. Sie sind – mikrosoziologisch gesprochen – durch Erwartungserwartungen bestimmt, aber diese Erwartungserwartungen dienen nicht, wie in face-to-face-Interaktionen, der intersubjektiven Handlungskoordination, sondern sollen die Prognostizierung von genau den kumulierten Handlungsfolgen (Kurswerten) ermöglichen, die die Grundlage der Prognose darstellen. Da diese kumulierten Handlungsfolgen weder einem konkreten, personalen Anderen noch zur Gänze den eigenen Handlungen zurechenbar sind, können auch die basalen Mechanismen der Adjustierung eventuell unterschiedlicher Erwartungen nicht greifen (vgl. Popitz 1975): weder kann es eine Revidierung der eigenen Erwartungen bei enttäuschten kognitiven Erwartungen geben („mein Irrtum"), noch können enttäuschte normative Erwartungen auf das abweichende Verhalten Anderer zugerechnet werden („dein Fehler"). Es kann somit weder zu individuellen kognitiven Anpassungen („Lernen") noch zur Stabilisierung von Normen kommen. Aus dieser Sicht stellen sich Markt-„Verzerrungen" wie Blasen, Herdenverhalten etc., die die verhaltenspsychologische Finanzforschung durch die begrenzte Rationalität („bounded rationality", s. bereits Simon 1957 sowie Selten 1990) der beteiligten Akteure erklären will, aus soziologischer Perspektive eher als ausgehebelte soziale Mechanismen der intersubjektiven Handlungskoordination dar.

Diese Reflexivität der Preisbildung an den Finanzmärkten, die in der temporalen Lücke zwischen gegenwärtigem bekannten und zukünftigem unbekanntem Preis und in der Unsicherheit über ihre Bedeutung für die Preisbildung begründet ist, erzeugt einen Bedarf nach Wissensformen über die Vorgänge an den Finanzmärkten (s. Abolafia 1996a). Dieser Bedarf zeigt sich auf epistemologischer Ebene beispielhaft in der Assimilationsdynamik, mit der akteurzentrierte Theorien über finanzwirtschaftliches Verhalten in Praxismodelle dieses Handelns inkorporiert werden. Finanzwissenschaftliche Modellbildung ist der Tendenz ausgesetzt, von theoretisch deduzierten Hypothesen in praktische Handlungsanleitungen umgesetzt zu werden. Dies gilt für die eben angesprochene verhaltenspsychologische Finanzforschung ebenso wie für die „Charttechnik", die sich im Anschluss an die Optionspreistheorie von Black und Scholes (1973) seit den 1970er Jahre etabliert hat (MacKenzie 2005a: 559; s. auch Kapitel 3, Abschnitt a). Dabei macht es keinen Unterschied, ob diese theoretischen Ansätze von rationalen oder irrationalen Akteuren ausgehen bzw. sie voraussetzen. Entscheidend für ihre Attraktivität in den Augen der Marktteilnehmer ist nämlich, dass sie Deutungsangebote bezüglich der Erwartungen und Wahrnehmungen Anderer machen, die die von den Finanzmärkten zur Verfügung gestellten Informationen (Kurswerte) nicht liefern können, weil es an den Finanzmärkten keine Möglichkeiten der intersubjektiven Handlungskoordination gibt.

Diese Inkorporation finanzwissenschaftlicher Modelle in finanzwirtschaftliche Reflexivität zeigt sich beispielhaft in einer Sequenz aus einem Interview mit einem Finanzanalysten, der in der Analysegesellschaft einer nichtprivaten Bank beschäftigt ist, in der es um die Bedeutung der technischen oder Chartanalyse für seine berufliche Praxis geht. Diese Analyseform, die zur Prognose der Kurstendenzen von Finanztiteln wie Aktien, Währungen oder derivativen Finanzinstrumenten herangezogen wird, beruht auf einer mathematischen Modellierung der bisherigen Kurstendenzen und extrapoliert diese in die Zukunft (s. MacKenzie 2005a). Sie konkurriert in ihrem Prognoseanspruch mit der so genannten Fundamentalanalyse, die die Kurstendenz eines gegebenen Titels dadurch prognostiziert, dass sie die gegenwärtige Angemessenheit dessen Kurses in Bezug auf fundamentale Wirtschaftsdaten wie Unternehmensumsätze, Produktivität, Innovativität und volkswirtschaftliche Daten bestimmt und aus dieser Bestimmung eine Über- oder Unterbewertung des Titels ableitet, die laut diesem Ansatz langfristig ausgeglichen werden. Der Respondent ordnet seinen eigenen Ansatz grundsätzlich der Fundamentalanalyse zu, bemerkt aber auf die Frage nach der Bedeutung technischer Analyse:

R: Berücksichtigen

I: ja

R: wir auch also es is: ja so dass man äh – hh – dass man da zwar seine Schwerpunkte im fundamentalen Umfeld jetz

I: ja

R: äh - in der Analyse des fundamentalen Umfelds legt – hh – dass natürlich aber solche – ä- f- marktpsychologischen Faktoren: Charttechnik gehört ja auch mit dazu – hh - äh dass man die nicht äh außer acht lassen kann eben weil sie: - am Markt – äh - von eineher Großteil der Marktteilnehmer hh – berücksichtigt werden: und- äentsprechend ä können sie auch – hh ähm – ich hatte es ja vorhin erwähnt – wenn der Markt sozusagen dieses kollektive

I: ja

R: Int- äh Bewusstsein was so der Markt hat – hh – dass man das – in manchen Phasen besser nicht ignorieren sollte – hh und das kann nur dann – nützlich sein wenn sag ich mal ä – es kommt halt immer drauf an: - manchmal is es – äh hilft s einem weiter manchmal nicht also sozusagen – hh AUS SEINEM INSTRUMENTENKASTEN – ZUR RICHTIGEN ZEIT DAS RICHTIGE INSTRUMENT RAUSZUZIEHEN und es anzuwenden um – hh um damit den Markt in den Griff zu bekommen so so kann man sich das vielleicht vorstellen.

Hier wird deutlich, dass der Orientierungswert von verwissenschaftlichten und professionalisierten Methoden der Kursbestimmung sich hauptsächlich durch den Grad ihrer Verbreitung bestimmt. Je verbreiteter eine bestimmte Analysemethode ist, umso mehr Gewicht kommt ihr zu, weil aus der Perspektive des Akteurs davon auszugehen ist, dass sich die anderen Marktteilnehmer in ihren Tauschakten nach ihr richten und die Preisbildung entsprechend beeinflussen (vgl. Fenton-O'Creevy et al. 2005: 199). Solche Methoden der Kursbestimmung erzeugen gewissermaßen ihre eigene Wahrheit, was sie in die Nähe von selbsterfüllenden Prophezeiungen rückt. Dies bestätigt einerseits die Beobachtung, dass akteurzentrierte Analysemethoden bzw. solche, die Aussagen über das Verhalten von Marktteilnehmern machen oder voraussetzen, in die Reflexivität der Finanzmärkte Eingang finden, indem sie als das Wissen der Anderen unterstellt werden. Andererseits wird deutlich, dass die Emergenz einer Repräsentanz des „Marktes" durch jene Reflexivität bedingt ist, die sich durch die temporale Unterscheidung zwischen jetzigem gewissem und zukünftigem ungewissem Preis und durch den handlungsleitenden Vergleich zwischen ihnen konstituiert.

d) Die Repräsentanz des Marktes an beschleunigten Finanzmärkten

Studien der letzten Jahre, die sich mit der Frage befassen, was die heutigen „globalen" Finanzmärkte von den früheren eigentlich unterscheidet, heben häufig den Faktor der Beschleunigung hervor und bringen diesen ursächlich mit informationstechnologischen Innovationen in Zusammenhang (s. zusammenfassend Dicken 2003: 442-447). Diese gemeinsame Betonung finanzmarktlicher Beschleunigung sticht ungeachtet der Tatsache hervor, dass die Bedeutung und die Folgen dieser Beschleunigung unterschiedlich gesehen und bewertet werden. Paul Virilio (2001: 110) vertritt die Ansicht, dass durch die elektronisch zuwege gebrachte Echtzeitkommunikation an den Finanzmärkten das Finanzvolumen durch eine enorme Steigerung seiner Umschlaggeschwindigkeit drastisch ansteigt und damit seine Auswirkungen durch nationalstaatliche monetäre Instrumente praktisch unbeherrschbar werden. Jean Baudrillard (1992, 2000) zufolge führt die Beschleunigung der Finanzmärkte zu deren Entkopplung von der Realwirtschaft mit der Folge, dass jene in einen in sich geschlossenen Prozess der Signifizierung einmünden, der außerhalb seiner selbst kein Denotat hat, weswegen auch die Folgen etwaiger finanzwirtschaftlicher Zusammenbrüche ohne nennenswerte Folgen für die Gesellschaft blieben. Im Kontrast hierzu identifizieren Manuel Castells (1996) und Mathias Albert et al. (1999) zwar ebenfalls eine Entkopplung finanzwirtschaftlicher Prozesse von denen des Industriekapitalismus, kommen jedoch zu einer anderen Schlussfolgerung als Baudrillard: Ihnen zufolge setzt sich die Geschlossenheit finanzwirtschaftlicher Vorgänge in eine neue Profitmaximierungslogik um, die dazu tendiert, die des Industriekapitalismus zu dominieren, weil es nicht mehr auf die Steigerung von Produktivität, sondern auf die von Kurswerten ankommt.

Im Gegensatz zu diesen Ansätzen möchte ich hier die These vertreten, dass die Neuartigkeit der globalen und radikal beschleunigten Finanzmärkte auf kulturellem Gebiet zu verorten ist. Sie besteht in einer ungekannt konturierten und alltagspräzisierten Vorstellung des Marktes, welche, wie dargestellt, grundsätzlich aus finanzmarktlicher Reflexivität hervorgeht, aber durch Beschleunigungsprozesse dramatisiert wird und eine kulturelle Realität jenseits ihrer ökonomischen Natur gewinnt. Um dieses Argument herauszuarbeiten, beziehe ich mich im Folgenden auf Studien Karin Knorr Cetinas und Urs Brueggers, die in Übereinstimmung mit den eben angeführten Untersuchungen eine Beschleunigung der globalen Finanzwirtschaft bis hin zu einer Echtzeitdynamik diagnostizieren, aber andere, die kulturelle Struktur der Gesellschaft betreffende Schlussfolgerungen daraus ziehen.[5]

Für Knorr-Cetina und Bruegger besteht die kulturelle Signifikanz finanzmarktlichen Handelns darin, dass dieses eine Art Kondensierung und Antizipierung gesellschaftsweiter Trends der Entwicklung sozialer Beziehungen darstellt. Sie beziehen sich dabei auf Interviews und ethnografische Studien, die in Bankhäusern gemacht wurden, welche auf den internationalen Devisenmärkten operieren. Im Zentrum stehen qualitative Interviews mit DevisenhändlerInnen und Beobachtungen ihres Arbeitsalltags, der um die technologische Kommunikationsinfrastruktur herum gruppiert ist, vor allem um die Bildschirme, die die HändlerInnen über die Preisentwicklungen im Devisenhandel informieren. Der Interpretation Knorr Cetinas und Brueggers zufolge unterhalten diese HändlerInnen ein „postsoziales" Verhältnis zu den Devisenmärkten: Sie sehen diese Märkte, die sich ihnen auf den Bildschirmen darbieten, nicht als Arenen professionellen Handelns, sondern attribuieren ihnen eine bestimmte Belebtheit, sie sehen in ihnen sozusagen lebendige Wesen, die ihren eigenen Rhythmen und Motivationen folgen. Dem gemäß sei Devisenhandel ein Handeln innerhalb einer spezifischen „Zeitwelt" („timeworld", Knorr Cetina 2005: 39), die durch die Sofortigkeit der Konsequenzen des eigenen Handels in ihr gekennzeichnet sei. Diese Sofortigkeit sei der technologischen, computergestützten Infrastruktur geschuldet: der Markt sei nicht auf den Bildschirmen dargestellt, sondern „appräsentiere" sich auf ihnen. Der Markt sei in der Wahrnehmung der HändlerInnen daher nicht ein Betätigungsfeld, auf dem auch andere agieren, sondern selbst der signifikante Andere.

Diese Interpretation wird von Knorr Cetina und Bruegger generalisiert und auf gegenwärtig vorherrschende soziale Beziehungstypen ausgeweitet: Ihr Modernisierungstheorem besagt, dass Menschen in hochmodernen Gesellschaften ihre Subjektivität nicht mehr durch Auseinandersetzung mit sozialen Normen, sondern durch auf Objekte gerichtete Phantasien konstituieren. Daher seien die identitätstheoretischen Grundlagen der Soziologie zu reformulieren. Knorr Cetina und Bruegger unternehmen diesen Versuch unter Bezug auf die psychoanalytischen Schriften Jacques Lacans:[6] "we maintain that traders' engagement with markets is based on a match between a self as a sequence of wantings and an unfolding object that provides for these wants through the lack it displays." (Knorr Cetina/Bruegger 2002: 164; dies. 2000) Dieses Beziehungsmuster wird "postsozial" genannt (s. auch Knorr Cetina 1997), weil es die Vorstellung des Selbst, das sich durch Enkulturation in soziale Normen individuiert (s. Mead 1998 [1934], Erikson 1997 [1956], Parsons/Shils 1951), aufgibt. Individuierung, als Vorbedingung der Unterhaltung von Beziehungen zu sich selbst und zur Welt, realisiere sich – so Knorr Cetinas und Brueggers Lesart Lacans – an den Finanzmärkten in einer Beziehung zu einem Objekt, das nicht notwendigerweise menschlich sein muss, denn der relevante Prozess wird nicht in der Herausbildung von Intersubjektivität und symbolischer Reziprozität gesehen, sondern in einer unbewussten Passung zwischen einem Subjekt und seinem Objekt, auf das das Subjekt sein „Begehren" nach der Schließung der Lücke zwischen dem tatsächlichen und einem idealisierten Selbst richten kann. Das Begehren nach einem solchen Selbst richte sich auf das Objekt, indem es nach Ansatzpunkten in diesem Objekt suche, die ihrerseits auf ein Begehren nach einem idealisierten Objekt-Selbst schließen ließen, an dessen Stelle das nach Idealität strebende Subjekt treten wolle. Auf diese Weise dienten die offensichtlichen Mängel der Finanzmärkte – besonders ihre Unfähigkeit, Informationen über ihre eigene Weiterentwicklung zur Verfügung zu stellen – den DevisenhändlerInnen darin, in einer Serie von stets vorläufigen Manipulationen des Markt-Objekts (dem Handel) ihr eigenes Selbst zu konstituieren, auf die dieses Objekt als "unfolding structures of absences" (Knorr Cetina/Bruegger 2002: 177) mit unmittelbaren Reaktionen antworte.

Die emotionale Bindung des handelnden Subjekts am Devisenmarkt beruhe somit auf seinem Begehren, das, mit Lacan, immer das Begehren des Anderen sei: Im Versuch, die eigene anthropologisch bedingte Unvollkommenheit durch die Bindung an einen sorgenden und daher begehrten Anderen zu überwinden, müsse das Subjekt an dessen Begehren an ihm selbst interessiert sein (vgl. Lacan 1978: 217-232). Die Bindung an den Markt erwachse aus der eigenen Unvollkommenheit im Handel(n), nach deren Vervollkommnung durch diesen Markt verlangt wird, wofür es notwendig sei, seinen Mangel zu identifizieren, der für ihn das Subjekt begehrenswert macht. Dieses Begehren des Marktes nach dem handelnden Subjekt erblicke letzteres in der fundamentalen Unbestimmbarkeit der Zukunft des Marktes durch ihn selbst (die Kurswerte ermöglichen aufgrund ihrer reflexiven Dynamik keine Prognose), das ihn, so die Fantasie der HändlerInnen, sie als diejenigen begehren lasse, die durch ihr Handeln seine Zukunft determinieren.

Das handelnde Subjekt konstituiere sich somit in seinem Begehren in Antwort auf einen unbewusst wahrgenommenen Mangel der Finanzmärkte.[7] Für die AutorInnen manifestiert diese Bindung der HändlerInnen an den Markt in paradigmatischer Weise die Beziehung zwischen Subjekt und Welt in spätmodernen Gesellschaften: Da diese aufgrund ihrer Differenziertheit soziale Integration nicht mehr auf primordialen Bindungen und die Unterordnung unter soziale Normen gründen können, basieren sie auf Bindungen, die das Subjekt nicht mehr durch Verhaltenskonformität integrieren, sondern durch die Ermöglichung einer konstanten Suche nach einem idealisierten Selbst, dessen Repräsentation durch die Massenmedien zirkuliert werde (Knorr Cetina/Bruegger 2002: 172).

Was die Untersuchungen der beiden AutorInnen für die vorliegende Studie so interessant macht, ist ihr Ansatz, das Verhältnis zwischen den Finanzmärkten und der Gesellschaft in Begriffen der *Repräsentation* zu denken. Weiterhin weist diese Argumentation auf einen für das hiesige Erkenntnisinteresse bedeutsamen Umstand hin, der an den Finanzmärkten eine Rolle spielt: diese Märkte können aus Sicht der beteiligten Akteure als *fiktive Welten* konzeptualisiert werden, d.h. als vorgestellte Realitäten, die im Hinblick auf ihre Funktion bei der Aufrechterhaltung von Handlungsfähigkeit der Subjekte betrachtet werden können. Es handelt sich bei den „timeworlds" Knorr Cetinas und Brueggers offenbar um das Resultat einer sozialen Konstruktion, das die HändlerInnen befähigt, Sinn aus ihrem Handel(n) an den Märkten zu generieren, indem sie diese Märkte als virtuelle Realität hervorbringt.

Damit komme ich zu dem zentralen Argument dieses Abschnitts zurück, dass sich die Beschleunigung an den globalen Finanzmärkten weniger durch eine tatsächliche Veränderung von Handelsaktivitäten von ihren Vorläufern unterscheidet, sondern eher durch die ungekannte Prägnanz, mit der aus den beschleunigten Handelsaktivitäten die Vorstellung eines Marktes hervortritt, die einerseits fiktiv und andererseits Handlung anleitend ist. An den Finanzmärkten, so wurde oben argumentiert, geht durch die temporale Lücke zwischen jetzigen und zukünftigen, ungewissen Preisen Rekursivität in Reflexivität über, d. h. die Akteure entwickeln ein Bewusstsein von der Konstitution eines Marktes durch die Erwartungen anderer Akteure und können dies artikulieren. Reflexivität an den Märkten hat somit die Eigenschaft, den Bereich subjektiver Bewusstseinsvorgänge zu überschreiten und sich in eine Systemkomponente bzw. eine Komponente der Sinnpräferenzordnung der Finanzmärkte zu transformieren, deren Sinn als eigenständiger – als „Markt" – dadurch erst zur Anschauung kommt. Die technologisch induzierte Beschleunigung, die, wie man sagen könnte, Echtzeit-Reflexivität hervorbringt (etwa in der Währungsarbitrage, s. Knorr Cetina/Bruegger 2000, 2002), liegt dieser Emergenz der Vorstellung des „Marktes" zwar nicht ursächlich zugrunde, bringt sie aber besonders dramatisch zum Ausdruck: gerade dort, wo es besonders schnell zugeht, emergiert eine besonders ausgeprägte Vorstellung eines „Marktes", der als belebt, wenn nicht beseelt erscheint. Eine im Grundsatz analoge Stellungnahme, die das Erscheinen der Vorstellung des „Marktes" vor dem Hintergrund extrem kurzfristiger Handlungs-/Handelszwänge illustriert, findet sich übrigens auch in einer Gruppendiskussion unter HändlerInnen und AnalystInnen, die begleitend zur Erhebung der Interviews mit Finanzprofessionellen in Frankfurt durchgeführt wurde. In dieser Sequenz wird dem Markt eine Möglichkeit zugesprochen, die unter normalen Umstännden nur Subjekten beigelegt wird, nämlich die, im Recht zu sein:

> Ich kann im Trading kein Theorie dazu benutzen – das is en ganz – je kürzer ich handle umso mehr Baucherfahrung hab ich un je länger ich habe handle – mein Zeitfenster – umso mehr Disziplin hab ich oder ich bin halt en bisschen starrköpfig. Es gibt so en schönen Spruch „Die Märkte haben recht".

e) Finanzmarktliche und soziale Reflexivität

An dieser Stelle möchte ich den Reflexivitätsbegriff, wie er bislang anhand der Finanzmärkte entwickelt wurde, mit dem Reflexivitätsbegriff im Gebrauch Anthony Giddens' vergleichen und in eine spannungsvolle heuristische Beziehung setzen. Dies geschieht mit dem Ziel, das Erscheinen von Vorstellungen des „Marktes", welches als Folge der reflexiv gewordenen kulturellen Rekursivität des Verhältnisses zwischen Tauschakt und Preis konzipiert wurde, mit dem kulturellen Repräsentationsmodus gegenwärtiger Gesellschaften in Zusammenhang zu bringen.

Oben wurde die Dynamik, die finanzmarktliche Vorgänge charakterisiert, als reflexiv bezeichnet, weil sie sich aus einem Zusammenspiel zwischen Handlungen, Handlungserwartungen und Erwartungserwartungen ergibt und den Akteuren grundsätzlich bekannt und artikulierbar ist. In diesem präzisen Sinn verwendet auch Giddens den Begriff der Reflexivität als soziologische Kategorie, wobei diese Bedeutung jedoch nur eine seiner Seiten darstellt. Auf einer sehr grundsätzlichen Ebene bedeutet Reflexivität das Eintreten von Repräsentationsformen der Gesellschaft in ihre Strukturbedingungen und deren Effekte. Es wird jedoch rasch deutlich, dass der Begriff der Reflexivität bzw. Reflexivierung eine Ambiguität aufweist, die einen Gutteil der Faszination von Giddens' Theorieprojekt ausmacht: Reflexivierung bezeichnet erstens einen kulturellen Modernisierungsprozess zunehmender Bewusstwerdung und Artikulierbarkeit von gesellschaftlichen Problemlagen (im Sinne von Reflexion), der sich dann aber auswirkt auf die strukturelle Konstitution moderner Gesellschaften, indem er die in der Modernisierung möglich gewordenen Reflexionshandlungen zurückschlagen lässt auf die strukturelle Verfasstheit, die diese Handlungen zuallererst ermöglicht hat. Insofern bezeichnet die „reflexive Modernisierung" ebenso eine soziologische Analyse wie ein soziologisches Aufklärungsprojekt: der Gegenwartsgesellschaft, die sich durch größere Reflexivität, d.h. ein gesteigertes Bewusstsein und gesteigerte Artikulationsmöglichkeiten struktureller Problematiken in Reflexivitätsfallstricken verfängt, weil diese Problematisierungen die Problemlagen kulturell erst konstituieren, sollen neue Beschreibungen ihrer selbst an die Hand gegeben werden.

Das Theorieprojekt der reflexiven Modernisierung ist bei Giddens eingebettet in den älteren, für sein Werk charakteristischen Begriff der Rekursivität (s. Giddens 1995: 77; vgl. auch Lamla 2003). Diesem Entwurf zufolge, der sich zum Ziel gesetzt hat, die die soziologische Theorie plagende Dichotomie von Struktur- (Makro-) und Handlungs-(Mikro-)perspektivierung zu überwinden, sind Handlungen und Strukturen durch eine Schleife wechselseitiger Bezüge miteinander verbunden, die zwischen Affirmation und Negation changieren und damit die Ebene der Repräsentation („Signifikation", s. Giddens 1995: 82) mit einbeziehen. Die „einfache" Moderne ist dadurch gekennzeichnet, dass der repräsentationale Aspekt dieser Rekursivitätsschleife weitgehend inexplizit bleibt, d.h. dass moderne Institutionen in ihrem Funktionieren nicht besonders thematisiert werden. Im Gegensatz hierzu findet in der reflexiven Moderne eine solche Thematisierung nicht nur statt, sondern wird auf Dauer gestellt und damit zum festen Bestandteil der kulturellen Struktur. Der Begriff der Reflexivität indiziert somit einen gesell-schaftlich-kulturellen Wandlungsprozess: moderne Institutionen geraten zuneh-mend in eine Legitimitätskrise und nehmen, mit Giddens, den Charakter von „Traditionen" an, weil sie historisch an den Nationalstaat gekoppelt sind, der mittlerweile aus unterschiedlichen Gründen als primäre politische Ordnungs-form prekär wird. Jene Institutionen werden reflexiv in dem Sinne, dass die Sub-jekte ein Bewusstsein und soziale Artikulationsweisen über ihre Vorzüge und Nachteile erlangen und sie somit auf den Prüfstand stellen können. In besonde-rem Maße wird diese Denkfigur in der Diagnose zunehmender „sozialer Reflexi-vität" zum Ausdruck gebracht: soziale Reflexivität bezeichnet das Scheitern von herkömmlich entworfenen Politiken aufgrund ihres Bewusst- und Artikulierbar-werdens. Man kann hier etwa an das Scheitern staatlicher Familienpolitik denken, die nicht einbezieht, dass die familialen Akteure selbst Wissen über ihre Situation und die gesellschaftlichen Rahmenbedingungen besitzen und dementsprechende Handlungsoptionen entwickeln, die die politisch gesetzten Ziele unterlaufen (Giddens 1994: 82f.). Letztendlich bedeutet soziale Reflexivität nichts anderes, als dass die Repräsentationen der Gesellschaft, die ihre Mitglieder unterhalten (etwa, um im Beispiel zu bleiben, ob sie von einer gleichberechtigten Gesell-schaft ausgehen oder nicht), direkt in gesellschaftspolitische Operationsweisen eingreifen.

Unabhängig von Giddens' Terminologie und Theorieprojekt ist in der Finanz-ökonomik übrigens genau dieselbe Feststellung in Bezug auf die Möglichkeiten der politischen Steuerung der Geldpolitik getroffen worden. In der neoklassi-schen Makromodellierung wirtschaftlicher Zusammenhänge wird die These der „policy ineffectiveness" vertreten, derzufolge die finanzpolitische Steuerung der Wirtschaft nur dann effektiv ist, wenn sie unerwartet einsetzt. Sobald finanzwirt-schaftliche Akteure erwarten, dass bestimmte politische Maßnahmen zur wirt-schaftlichen Makrosteuerung ergriffen werden – etwa eine Veränderung der Geldmenge oder der Leitzinsen – nehmen sie diese Maßnahmen bereits vor ihrer Implementierung in ihre Kalküle auf und unterlaufen damit deren politisch in-tendierte Effekte (Mishkin 1997: 713-717).

Im Gegensatz zu solchen eher isolierten Feststellungen, die letztendlich auf die Propagierung von Postpolitik hinauslaufen (s. Mishkin 1997: 717), stellt Giddens die Frage nach den Konsequenzen für die politische Ordnung reflexiv-moderner Gesellschaften. „Globalisierung" dient dabei als eine zentrale Chiffre, weil sie die Unzulänglichkeit nationalstaatlicher Ordnungsregime auf den Punkt bringt und deswegen zum zentralen Motor von reflexiver Infragestellung der überkomme-nen Institutionen wird (Giddens 1994: 81f.; Giddens 1994a: 57f.). Die Implikati-on ist dabei, dass diese Institutionen nicht nur objektiv durch Globalisierung geschwächt werden, sondern dass eine hinzukommende, wenn nicht sogar pri-märe Problematik in der Delegitimierung zu sehen ist, die durch ihre reflektierende Infragestellung ausgelöst wird. Insofern kann „Globalisierung", als Chiffre für die strukturelle und kulturelle Konstellation der reflexiven Moderne, der Tradition in Bezug auf den Grad an Reflexivität entgegen gesetzt werden: während Tradition einen Zustand unterstellt, in dem die Geltungs- und Legitimationskriterien von sozialen Institutionen weitgehend im Vorreflexiven verbleiben können, steht Globalisierung für das Ende eines solchen Legitimationsarrangements, weil sie schlaglichtartig die Defizite modern-traditional legitimierter Institutionen erhellt (Giddens 1994: 83-87; Giddens 1994a: 63-55). Die Krise moderner Gegenwartsgesellschaften kann somit unter Bezug auf Giddens zuvörderst im repräsentationalen Bereich verortet werden, wobei „Repräsentation" in einem doppelten Sinne zu verstehen ist: es geht erstens um die Delegitimierung politischer (nationalstaatlicher) Vertretungsformen angesichts von Globalisierungsprozessen, welche zweitens durch eine Krise überkommener gesellschaftlicher Selbstkonzepte, die als „Traditionen" charakterisiert werden, ausgelöst wird.

Das die vorliegende Untersuchung bisher kennzeichnende Argument im Hinblick auf die Finanzmärkte besteht darin, dass Reflexivität eine auf der Ebene des Subjekts bewusst und eine auf der Ebene der Kommunikation artikulierbar gewordene Rekursivität darstellt – eine Rekursivität, die zum Gegenstand expliziter Repräsentation – zur Vorstellung eines „Marktes" – geworden ist. Daher steht Reflexivität mit Rekursivität in einem Kontinuitätsverhältnis, signalisiert gleichzeitig aber insofern einen Bruch, als sie eine in dieser Form ungekannte und deswegen als kategorial erscheinende und zugespitzte Repräsentation von Rekursivität darstellt. Ganz ähnlich scheint es sich bei Giddens zu verhalten: Die reflexiv gewordene Hochmoderne hebt das grundsätzliche Merkmal gesellschaftlicher Ordnung – die Rekursivität von Handlung und Struktur – auf eine neue Ebene, die sich vor allem dadurch auszeichnet, dass es angesichts struktureller Rückkopplungseffekte zwischen Intentionen und Effekten, die zunehmend in Echtzeit ablaufen, zu einer Delegitimierung überkommener Politikmuster und insofern zu einem kulturellen Bruch mit der überkommenen Ordnung kommt. Diese repräsentationale Dimension verleiht der, wie man sagen könnte, empirischen Metapher der Globalisierung (s. Langenohl 2007, Kapitel 1) ihre Durchschlagskraft. Man könnte damit zu dem Schluss kommen, dass die Reflexivität der Finanzmärkte nur eine partikulare Ausprägung der allgemeinen Reflexivität als Strukturmerkmal hochmoderner Gesellschaften sei. Sowohl an den Finanzmärkten als auch in anderen Bereichen der Gesellschaft würde sich, diesem Argument zufolge, die grundsätzliche Rekursivität in Reflexivität verwandeln und sich als etwas Neues vor allem auf dem Gebiet des Auseinanderklaffens von strukturellen Rückkopplungseffekten und ihrer (Fehl-)Repräsentation manifestieren (vgl. Giddens 1995a: 34-40). Soziale Reflexivität, die die hochmoderne Ausprägung der grundsätzlichen Rekursivität von Handeln und Struktur ist, würde daher, wie man argumentieren könnte, auf den Finanzmärkten die Stelle der dynamisierenden Kluft zwischen Wirtschaftspraxen und kulturellen Mustern einnehmen, die bereits von Durkheim und Weber und jüngst von Boltanski und Chiapello als ein Grundelement des Verhältnisses zwischen Wirtschaft und Gesellschaft angesehen wird. Die Pointe einer solchen, sich stark an Giddens anlehnenden Argumentation, würde man sie auf die Finanzmärkte beziehen, läge also darin, dass den überkommenen, „traditionalen" Repräsentationsformen des Finanzmarktes sich die faktische Reflexivität ihrer Funktionsweise entzöge, und dass daher Gesellschaftstheorie vor der Aufgabe stünde, neue Repräsentationsformen zu entwickeln. Es ginge gewissermaßen um soziologische Aufklärung unter Börsianern.[8]

Indes entziehen sich die Finanzmärkte diesem Theorieprojekt, und zwar deswegen, weil die empirisch vorfindbaren Repräsentationsformen des Marktes nicht als „Traditionen" im Giddensschen Sinne zu interpretieren sind, *sondern als Repräsentationen, die der Logik finanzmarktlicher Tauschakte entsteigen*. Anders gesagt: auf dem Finanzmarkt findet sehr wohl eine Repräsentation der Reflexivität statt, nämlich in Form des „Marktes" selbst, der als vorgestellter aus dem Vergleich zwischen gegenwärtigen bekannten und zukünftigen unbekannten Preisen rührt. Der vorige Abschnitt hat gezeigt, dass Beschleunigung und zunehmende Kurzfristigkeit der Entscheidungshorizonte diesen vorgestellten Markt besonders dramatisch repräsentieren: je kürzer die Zeitspanne, die zur Entscheidung verbleibt, desto konturierter ist die Repräsentation des Marktes. Damit ist die Vorstellung des Marktes nicht einfach eine moderne „Tradition", sondern unmittelbar auf die Logik finanzwirtschaftlicher Tauschakte als Handeln unter Unsicherheit bezogen.

Den Reflexivitätsbegriff auf die Finanzmärkte anzuwenden bedeutet somit, die gesellschaftlichen Repräsentationen dieses Finanzmarktes und die mit ihm verbundenen Handlungsorientierungen und Wissensformen ernst zu nehmen und empirisch zu rekonstruieren. Wenn die Dynamik und Problematik hochdifferenzierter Gesellschaften in der Beziehung zwischen Rekursivitätsschleifen und ihren Repräsentationen liegt, soziale Reflexivität also nicht einfach strukturell wirkt, sondern zu einem Strukturmerkmal erst durch ihre Repräsentation wird, muss gefragt werden, welches Bild die real existierenden Repräsentationen sozialer Reflexivität auf den Finanzmärkten bieten. Der Fokus auf Reflexivität und ihrer Repräsentation macht die Finanzmärkte zu einem Untersuchungsgegenstand, der wie kaum ein anderer die generelle Problematik hochdifferenzierter Gesellschaften versinnbildlicht.[9] Die Studien Karin Knorr Cetinas und Urs Brueggers, auf die weiter oben eingegangen wurde, liefern in Hinsicht auf die Frage nach der Repräsentation dieses reflexiv gewordenen Rekursivitätsverhältnisses erste Indizien: Sie zeigen empirisch, dass die Finanzmärkte von denjenigen, deren Handel(n) sie konstituiert, als quasi belebte Wesen imaginiert werden können, weil auf ihnen rekursives/r Handel(n) unter Unsicherheit stattfindet (vgl. auch Fenton-O'Creevy 2005: 78).

Diese Ergebnisse werden im folgenden Kapitel mit Resultaten eigener Forschungen kontrastiert, die ein differenzierteres Bild der Beziehung zwischen finanzmarktlichen Professionellen und dem Markt zeichnen. Insbesondere wird,
im Einklang mit dem in der Einleitung vorgestellten heuristischen Zugriff, das
Auseinanderdriften gesellschaftlicher Sinnbezüge und kultureller Orientierungen
von Wirtschaftshandeln in den Vordergrund gestellt und nicht, wie bei den beiden referierten AutorInnen, ihre Homologie. Vor dem Hintergrund dieser empirischen Resultate und ihrer Diskussion stellt sich – im dritten Kapitel – die Frage, welcher Art jene Repräsentationen des Marktes sind, die bislang ganz allgemein als „Vorstellungen" bezeichnet worden sind, und in welcher Beziehung sie
zur gesellschaftlichen Realität der Finanzmärkte stehen. In einem abschließenden
Kapitel wird gefragt werden, was jene aus der Reflexivität der Logik des Han-
del(n)s emergierenden Repräsentationen des Marktes bezüglich der Reformulie-
rung von Gesellschaftstheorie im Informationskapitalismus aussagen, insbesondere, ob der Finanzmarkt ein reflexiv-moderner Sonderfall ist oder ob er dazu
veranlasst, die Theorie der reflexiven Modernisierung – der „Zweiten Moderne"
– zu reformulieren.

2. Kritik am Finanzmarkt aus der Sicht von Finanzprofessionellen

a) Methodische Überlegungen: Die Praxis der Kritik und die institutionellen Bezüge finanzprofessionellen Handelns

Gegenstand dieses Kapitels ist die empirische Rekonstruktion der Kritik, die Finanzmarktprofessionelle an den Finanzmärkten, ihren Strukturen und Dynamiken und den beteiligten Akteurgruppen äußern. Wie in der Einleitung dargelegt wurde, besteht der heuristische Zugriff der vorliegenden Studie darin, die sinnhafte Verschränkung von Finanzmärkten mit der kulturellen Repräsentation der Gesellschaft in Praxen der Kritik zu suchen. In der Distanz zwischen wirtschaftlichen Handlungsorientierungen und gesellschaftlich institutionalisierten Normen, die von Kritikpraxen erzeugt und rekursiv stabilisiert werden, konstituiert sich der sinnhafte Zusammenhang zwischen Finanzwirtschaft und Gesellschaft, weil durch jene Praxen einerseits wirtschaftliches Handeln an gesellschaftlich institutionalisierte Normen (etwa Gerechtigkeitsnormen) zurückgebunden wird und weil diese Normen andererseits in den Praxen der alltäglichen Berufslebensführung unter Stress gesetzt werden. Der Kritik von Finanzmarktprofessionellen wird eine besondere Aufmerksamkeit deshalb zuteil, weil bei dieser Gruppe, die sich in ihrem beruflichen Alltag mit den Märkten auseinandersetzen muss, eine besondere Sensibilität für entsprechende Problematiken vermutet werden kann. Im Folgenden wird dargestellt, auf welchem methodischen Wege der hier verfolgte Ansatz umgesetzt wird. Das methodologische Hauptargument lautet, dass die Kritik von Finanzmarktprofessionellen am Markt nicht abstrakt ist, sondern berufslebensgeschichtlich eingebunden, und dass dies durch das Interviewformat und die Interpretationsweise berücksichtigt werden muss.

Bei dem zu analysierenden Material handelt es sich um 30 Leitfadeninterviews und um eine Gruppendiskussion mit Finanzmarktprofessionellen, die im Zeitraum zwischen Mai 2003 und Juni 2004 in Frankfurt am Main an den Arbeitsplätzen der RespondentInnen durchgeführt wurden. Den Gesprächsgegenstand bildeten Wissensformen am Finanzmarkt und ihre Beurteilung. Das Sample stand vor der Untersuchung nicht fest, da über das in Frage stehende professionelle Feld keine Studien vorlagen, die die Generierung entsprechender Hypothesen erlaubt hätten.[10] Die Gestaltung der Stichprobe erfolgte daher in Rückkopplung mit der Analyse des bereits erhobenen Materials (*theoretical sampling*): Nach dem Führen der Interviews wurden diese kodiert, aufgrund der so entstehenden Übersichten über den Inhalt der Antworten auf kontrastive Weise Hypothesen bezüglich der Differenzierung des sozio-professionellen Feldes Frankfurter Finanzprofis gebildet und diese Hypothesen durch gezielte Auswahl weiterer InterviewpartnerInnen überprüft, bis eine „theoretische Sättigung" eingetreten war, d.h. aus dem Material keine weiteren Hypothesen zur Strukturierung des Feldes in Hinsicht auf anzutreffende Wissensformen und ihre Bewertung gebildet werden konnten (vgl. Glaser/Strauss 1967). Das Spektrum der RespondentInnen reichte von ausgesprochen nah am Markt operierenden Berufstätigen wie etwa HändlerInnen bis hin zu solchen RespondentInnen, die in relativ großer Ferne von den Finanzmärkten agieren, wie zum Beispiel AnalystInnen in volkswirtschaftlichen Analyseabteilungen großer Privatbanken.[11] Damit fällt die Grundgesamtheit der vorliegenden qualitativen Stichprobe und der „constitutive rules and roles" (Abolafia 1998: 74), die in ihr repräsentiert sind, differenzierter aus als die vergleichbarer soziologischer Studien, die sich mit Handelnden an den globalen Finanzmärkte befassen.[12]

In der vorliegenden Untersuchung steht indes nicht die Differenzierung des professionellen Feldes an sich im Mittelpunkt, sondern die Art und Weise, wie sich Finanzmarktprofessionelle kritisch auf den Markt beziehen. Diese Kritik, wie sie sich in den Interviews zeigt, wird nicht primär und ausschließlich auf inhaltsanalytischem Wege, sondern vor allem durch Fallrekonstruktionen analysiert. Kritik stellt sich somit weniger als abstrakte und generalisierte Bedeutungszuweisung, sondern vielmehr als durch die berufsbiografische Eingebundenheit der RespondentInnen gerahmte Praxis der Sinnzuschreibung dar. Dieser methodische Ansatz entspricht der heuristischen Anlage der Untersuchung, derzufolge die sinnhafte Verschränkung von Finanzmarkt und Gesellschaft aus Praxen der Kritik deswegen zu erschließen ist, weil sich diese auf die kulturellen Grundlagen ökonomischen Handelns beziehen. Die Legitimation des Finanzmarktes und seine kulturelle Verwobenheit mit der Repräsentation der Gesellschaft werden demnach von ihrer eigenen Grenze her untersucht, d.h. vom Punkt ihres Problematischwerdens. Dieses Problematischwerden kristallisiert sich empirisch aber nicht sofort in abstrakte Legitimitätsauffassungen und generalisierte Begründungsmustern aus; vielmehr werden die befragten Finanzmarktprofessionellen zuallererst berufsbiografisch damit konfrontiert. Die kulturelle Bedeutung der Finanzmärkte wird im finanzmarktlichen Alltag nicht abstrakt eruiert, sondern äußert sich in empirischen Deutungen und ihren Krisen, die die Berufslebensläufe kokonstituieren.

Es sind diese Deutungen und Krisen, auf die die Fallrekonstruktion der Kritikpraxen abzielt. Somit interessiert nicht nur die semantisch-deklaratorische Ebene der Äußerungen der RespondentInnen, sondern auch die performative Ebene der Entwicklung und Entfaltung ihrer Äußerungen im Kontext der Darstellung ihrer beruflichen Biografie und einzelner ihrer Episoden. Zentral für die Rekonstruktion der Kritik der Finanzmarktprofessionellen ist daher eine doppelte Perspektivierung und analytische Rahmung, die es gestattet, die Aussagen der RespondentInnen als Expertenaussagen *und* als berufslebensgeschichtliche Erzählungen zu begreifen und die Dynamik der Ineinanderschachtelung, wechselseitigen Stützung oder Untergrabung dieser beiden Perspektiven darzustellen. Eine dieser methodologischen Vorannahme entsprechende Interviewform stellt das so genannte „episodische Interview" dar (s. Flick 1995).[13] Episodische Interviews stützen sich auf einen Leitfaden und gelten daher als halboffene Interviewform. Es kann jedoch davon ausgegangen werden, dass episodische Interviews narrative Sequenzen aufweisen, die von heuristisch ähnlichem Wert sind wie narrative (etwa biografische) Interviews, d.h. genau wie diese fallrekonstruktiv erschließbar sind (s. Langenohl/Schmidt-Beck 2006; Schmidt-Beck, i.E.). Dies hängt damit zusammen, dass der Leitfaden die RespondentInnen sowohl als ExpertInnen für den Gesprächsgegenstand wie auch als autobiografische Subjekte adressiert (und entsprechende Aneignungen des Leitfadens durch Selbstadressierung gestattet), für die der Gesprächsgegenstand nicht nur bekannt, sondern Teil ihrer Biografie und deren Erlebnisaufschichtung ist. In den narrativen Interviewsequenzen zeigt sich die kulturelle Bedeutung finanzmarktlicher Repräsentationen für die Repräsentation der Gesellschaft deswegen besonders deutlich, weil sich in ihnen die Verschränkung von Repräsentationen der Finanzmärkte mit der repräsentierten Erlebnisaufschichtung in ihren sozialen Kontextualisierungen prozessual entfaltet (vgl. Rosenthal 1995; Fischer-Rosenthal/Rosenthal 1997: 147-150; Wagner 1999: 16-22). Das Zusammentreffen von Gesprächsgegenstand (Wissenformen) mit der wechselnden Fremd- und Selbstadressierung lädt die RespondentInnen nicht nur dazu ein, kraft der wechselnden Fremdadressierung durch den/die InterviewerIn zwischen unterschiedlichen Modi der Artikulation (etwa Bericht oder Erzählung) zu wählen bzw. sich die Fremdadressierung als Selbstadressierung anzueignen oder sie zu verwerfen (s. Meuser/Nagel 2005 [1991]: 77-79), sondern darüber hinaus werden Impulse zur Reflexion auf die grundsätzliche Unterschiedlichkeit dieser Modi (etwa durch Thematisierung des Werts von Erfahrungswissen) gesetzt.

Die Interviews können somit auf drei Ebenen analysiert werden: erstens hinsichtlich der inhaltlichen Deutungen der Geschehnisse auf den Finanzmärkten; zweitens hinsichtlich der Deutungen zweiter Ordnung, die in Reflexionen über die Deutbarkeit dieser Geschehnisse zum Ausdruck gelangen (etwa durch die Thematisierung von Erfahrungs- und semantischem Wissen); und drittens, aus fallrekonstruktiver Perspektive, hinsichtlich der prozessualen Entfaltung dieser Deutungen und Reflexionen, die mit dem performativen Wechsel zwischen unterschiedlichen Repräsentationsweisen der Vergangenheit (etwa Bericht oder Erzählung) einhergeht. Auf dieser letzten Ebene, der die besondere Aufmerksamkeit dieser Studie gilt, kann die Fallspezifik der je unterschiedlichen Verschränkungen von Wissen, Thematisierung dieses Wissens und narrativer Darstellung finanzmarktlicher Problematiken dadurch konturiert werden, dass sie, wo möglich, mit kontrastierenden Fällen im Interviewsample in Beziehung gesetzt wird (vgl. Bohnsack 1999: 222). Die auf diese Weise erzielte Repräsentativität ist eine typologische: die Interpretation der Interviewsequenzen führt auf dem

Wege der Kontrastierung mit gegenteiligen Aussagen zur Konstruktion von Idealtypen der Kritik selbst, die ihre repräsentationale Logik und soziale Rahmung offenlegen.

Da die RespondentInnen kraft ihres Expertenstatus und ihrer biografischen Involviertheit in die Finanzmärkte differenzierte Vorstellungen unterhalten, lautet die empirische Frage, welche Aspekte ihres berufstäglichen Lebens den RespondentInnen aus welchen Gründen und aufgrund welcher Erfahrungsrepräsentationen als besonders kritikwürdig erscheinen. Um diese Analyse, die Gegenstand des vorliegenden Kapitels ist, vorzubereiten, empfiehlt es sich, zunächst einen Überblick über die gesellschaftlichen Institutionalisierungen der gegenwärtigen Finanzmärkte zu geben und dabei insbesondere die Institutionalisierung deren Reflexivität in den Blick zu nehmen, weil es sich hierbei um eine zentrale Problematik der Finanzmärkte und eine wichtige Herausforderung für an ihnen Agierende handelt (s. Kapitel 1). Diese Institutionalisierungen werden in den Interviews mit den Finanzmarktprofessionellen, die in den Abschnitten b) bis d) interpretiert werden, kritisch adressiert. Insbesondere kritisieren die RespondentInnen die Rolle der eigenen Unternehmensorganisation, die Rolle von Klienten und bestimmte Aspekte des Marktes selbst als soziale Objektivierungen von Reflexivität am Finanzmarkt. Die Rekonstruktion ihrer empirischen Kritik wird dann (in Kapitel 3) aus repräsentationstheoretischer Sicht interpretiert, um die Frage zu beantworten, auf welche Weise die Sicht auf die Finanzmärkte an der Konstitution gesellschaftlicher Repräsentanzen – des gesellschaftlichen Imaginären – beteiligt ist.

Finanzmarktliche Unternehmensorganisationen, Klienten und Institutionalisierungen der Finanzmärkte sind seit einiger Zeit Gegenstand von Debatten in den Sozialwissenschaftlen, der Bank- und Betriebswirtschaftslehre sowie in der politischen Ökonomie. Die Darstellung wendet sich zunächst den *Organisationen* der Finanzwirtschaft zu. Die sich an Mark Granovetter (1985) orientierende Wirtschaftssoziologie macht seit einiger Zeit darauf aufmerksam, dass Organisationen nicht bloß auf Märkten operieren, sondern diese auch konstituieren. Insbesondere institutionalistisch vorgehende Studien haben argumentiert, dass Märkte – verstanden als Beziehungen zwischen Konkurrenten, Zulieferern, Klienten etc. – dadurch ins Leben gerufen werden, dass die Entscheidungsträger innerhalb von Firmen sich wechselseitig als Konkurrenten, Zulieferer, Klienten etc. anerkennen und dadurch diese Beziehungen bahnen (s. zu solchen „organizational fields" DiMaggio/Powell 1983, Scott 1995). Aus dieser Sichtweise erscheinen Märkte nicht so sehr als anonyme Dynamiken, die sich quasi hinter dem Rücken der Akteure aus dem freien Spiel von Angebot und Nachfrage bilden, sondern als kollektiv orchestrierte Arrangements der Konkurrenzvermeidung zwischen einflussreichen Korporationen, mithilfe derer sie kleinere Unternehmen an der Peripherie halten (Fligstein 1990, 2001).

Auch finanzwirtschaftliche Organisationen wie Banken und Fondsgesellschaften, so legen neuere Studien nahe, treten nicht nur als „Spieler" auf den Finanzmärkten auf, sondern beherbergen sie zunehmend, indem sie sie technisch und sozial instituieren. Allerdings geht es hier weniger um das Prinzip der Konkurrenzvermeidung als vielmehr um das der Risikominimierung, das als Impuls der organisierten Instituierung und Kontrolle von Marktabläufen fungiert (s. Power 2005). Gerade am Beispiel des umsatzstärksten Finanzmarktes, des globalen Devisenhandelns, ist demonstriert worden, dass die Handelsvorgänge, die 24 Stunden pro Tag rund um den Globus stattfinden, durch innerhalb transnationaler Finanzkonzerne vernetzte Teams instituiert werden, deren Tätigkeit zunehmend bürokratisch organisiert ist, um die Risiken für das Unternehmen kontrollierbar zu halten (Thrift/French 2002; Clark/Thrift 2005). Dies zeigt sich etwa an der „Übergabe" des Handels von einer Zeit- und damit Handelszone in eine andere, die in komplizierte bürokratische Vorgänge der Transposition von Information eingelassen sind. Zusammen gefasst:

> global FX [foreign exchange] trading is a deliberate process of managing *dispersed* knowledge so as to account for and control total institutional risk exposure. While individual greed is always present, seeking-out the unrecognised blind spots in the management process, we contend that the real issue is institutional cooperation and management and especially the maintenance of bureaucratic procedures that control trading exposures across time and space. (Clark/Thrift 2005: 230)

Diese Bürokratisierung des Handel(n)s, der/das die Finanzmärkte instituiert, ist nicht nur betriebswirtschaftlich bedingt, sondern auch eine Reaktion auf Rechtsnormen, die finanzwirtschaftlichen Organisationen wie Banken, Fondsgesellschaften und Versicherungen bestimmte Auflagen machen, und zwar auf internationalem Niveau. Das bekannteste Beispiel ist sicherlich die Basler Kommission zur Bankenaufsicht, deren jüngste Empfehlungen („Basel II") den Banken auferlegen, eine weitaus schärfere Überprüfung der Risiken der von ihnen vergebenen Kredite vorzunehmen (s. Theurl 2001). Diese Empfehlungen, die zunächst für sich betrachtet keinerlei Verpflichtungscharakter haben, werden von politischen Instanzen (wie etwa der Europäischen Union) wie Gesetze behandelt und entsprechend an die Organisationen herangetragen, weil von der Einhaltung dieser Richtlinien die Glaubwürdigkeit der Finanzinstitute vor einem internationalen Klientenkreis abhängt (s. Deeg 2001; Lütz 2002, 2004; Deeg/Lütz 2000). In der Folge kommt es zu einer politisch verordneten Stärkung der Verwaltungsabteilungen von Banken und Fondsgesellschaften gegenüber den „reinen" Handelstätigkeiten, und in der Folge, wie Clark und Thrift (2005: 242f.; s. auch Power 2005) meinen, zu einer Bürokratisierung der Abläufe, die Märkte konstituieren. Diese soziologischen Beobachtungen stehen in krassem Gegensatz zu gegenwärtigen Forderungen von betriebswirtschaftlicher Seite, die von einem orthodoxen Betriebsmodell ausgehen und vor diesem Hintergrund anraten, Verwaltungsbereiche in Banken drastisch abzubauen, um auf diese Weise die Wertschöpfungskette zu verkürzen (s. etwa Linn/Rundshagen 2002; Rolfes 2004; Bussmann/Hoock/Ulrich et al. 2003; Naujoks/Kinder 2003; Seeger/Stürtz 2003). Wenngleich sich Tendenzen der bürokratischen Einhegung von Marktprozessen bislang auch hauptsächlich an den globalen Devisenmärkten zeigen, wird doch deutlich, dass die Globalität solcher Märkte sie nicht eo ipso durch Organisationen unbeherrschbar macht, weil Organisationen lernen können, eine solche Kontrolle auszuüben. Dies hat Implikationen für die Bedeutung der so oft bemühten Kasino-Metapher finanzwirtschaftlicher Globalisierung (s. Strange 1986: 1): Die Banken erscheinen nicht nur als „Spieler" im Kasino des Finanzmarkts, sondern, da sie Globalisierung, wie das Beispiel der Devisenmärkte zeigt, instituieren, auch als „Häuser", die das Kasino betreiben.

Eine zweite Säule der Institutionalisierung der gegenwärtigen globalen Finanzmärkte sind die *Klienten*, die zunehmend als eine eigenständige und von den finanzwirtschaftlichen Organisationen zu bedenkende Interessengruppe auftreten, und zwar sowohl als institutionelle Investoren wie auch zunehmend als „selbstbewusste" Privatanleger. Der Einfluss internationaler Investoren auf nationale Finanzregimes ist von Richard Deeg und Susanne Lütz (Deeg 2001; Deeg/Lütz 2000; Lütz 2002, 2004) am Beispiel der deutschen und US-amerikanischen Finanzwirtschaft deutlich gemacht worden. Vor allem mit Blick auf Finanzorganisationen in Deutschland zeigen sie, dass die internationale Öffnung der Finanzwirtschaft dem Interesse privater Großbanken entsprach, die seit den 1970er Jahren in immer geringerem Maße Gewinne aus der Kreditvergabe an Industriekonzerne und aus dem Provisionsgeschäft im Rahmen privater Bankdienstleistungen erzielen konnten und deswegen ein Interesse daran hatten, am internationalen Investment Banking-Markt teilzuhaben. Dies verschaffte den Interessen institutioneller Investoren aus dem In- und Ausland zunehmendes Gewicht in den strategischen Überlegungen der Banken zur Unternehmensentwicklung und in ihren Versuchen der Einflussnahme auf die rechtlichen Rahmenordnungen des Finanzgeschäftes.

Ein weiterer Zuwachs des Einflusses von Klienten zeigt sich daran, dass in jüngster Zeit, bisher zumeist in betriebswirtschaftlichen Studien, ein zunehmend kompetentes und selbstbewusstes Auftreten von Privatkunden festgestellt wird. Beobachter des deutschen Finanzsektors identifizieren einen Trend von einem angebotsgesteuerten zu einem nachfragegesteuerten Markt für private Finanzdienstleistungen im Zuge eines Prozesses, in dem Privatkunden ihre Bindung zur Bank neu überdenken. Drei Hauptgründe werden hierfür genannt: erstens die Tatsache, dass Finanzdienstleistungen meist kaum voneinander unterscheidbar sind und ein „Branding", das Klienten über Markenbewusstsein binden könnte, bislang nur in Ansätzen erkennbar ist (Kern 2003); zweitens die Vervielfältigung von Wettbewerbern auf diesem Markt, eingeschlossen Direktbanken und so genannte Non-banks wie etwa Supermarktketten oder Automobilhersteller, die eigene Bankdienstleistungen wie Scheck- und Kreditkarten anbieten (Riese 2002, Kern 2003, Rolfes 2004); und drittens das Aufkommen neuer Orientierungsmuster unter den Klienten, insbesondere wohlhabenden, die sich zu einer aktiven, herausfordernden, am rationalen Akteursmodell orientierten Haltung des „cherry-picking" verdichten (Eusterbrock 1999: 18-59; Hammerschmidt 2003: 287-293; Szallies 2003).

Am Beispiel der deutschen Finanzwirtschaft wird somit deutlich, dass die Klienten – d.h. die institutionellen Anleger und die Privatkunden – zu einer eigenständigen Größe avanciert sind, auf die Strategien der Unternehmensentwicklung der finanzwirtschaftlichen Organisationen und ihres Agierens an den bzw. Institutierens der Finanzmärkte zunehmend Rücksicht nehmen. Das Verhältnis zwischen Banken und Klienten war bis in die 1980er Jahre hinein durch mehr oder minder traditionale Bindungen gefestigt: Industrieunternehmen hatten ebenso wie Privatkunden ihre „Hausbanken". Im Zuge des Verschwindens der arbeitsteiligen Struktur des Bankenwesens in Deutschland, in der jede „Säule" – die privaten, die öffentlich-rechtlichen und die genossenschaftlichen Institute – bestimmte Kundensegmente in unangefochtener Weise bediente,[14] verwandeln sich die Klienten aus Sicht der finanzwirtschaftlichen Organisationen zunehmend in ein Segment ihres marktförmigen Umfeldes.

Damit ist die dritte Komponente der Institutionalisierung der Finanzmärkte angesprochen, nämlich das gesellschaftlich institutionalisierte Verständnis dessen, was einen *Markt* eigentlich konstituiert. Dies erschließt sich beispielhaft durch einen erneuten Rückgriff auf die oben angeführten politisch-ökonomischen Studien über die kürzlichen Veränderungen der Finanzwirtschaft in Deutschland und den USA. Für die Zeit zwischen 1986 und 2000 kommen diese Arbeiten zu dem Ergebnis, dass es in der institutionellen Umwelt deutscher Banken zu einer massiven Aufwertung des Investment Banking gegenüber dem Privatkundengeschäft und der Kreditvergabe gekommen ist. Richard Deeg (2001) zufolge ist dies auf zwei Faktoren zurückzuführen: erstens auf den Rückgang des Geschäfts der großen Privatbanken aus Kreditvergabe an Großkonzerne seit den 1970er Jahre, da diese sich stärker eigenkapital- oder börsenfinanzierten; und zweitens auf die in den 1980er Jahren stark zunehmende Internationalisierung von Finanzdienstleistungen im Allgemeinen und des Investmentgeschäfts im Besonderen, die diesen Markt als Geschäftsalternative für deutsche Privatbanken attraktiv erscheinen ließ. Diese Bedingungen generierten die Ausgangsmotivation für „institutional entrepreneurs" (DiMaggio 1988: 14) der Banken, auf eine Anpassung des institutionellen Umfeldes ihrer Organisationen an internationale Standards hinzuwirken. Da diese durch amerikanische Institutionen hegemonial geprägt waren, welche eine strikte Überwachung finanzmarktlicher Transaktionen durch eine zentrale Instanz vorsahen und die Erwartungen internationaler Investoren prägte, wurde Druck auf politische Akteure in Deutschland zur Zentralisierung der Finanzmarktaufsicht und zum Abbau föderaler Aufsichtsinstanzen ausgeübt, ein Druck, der durch den Binnenmarkt-Prozess der Europäischen Union zusätzlich legitimiert war (Deeg/Lütz 2000: 384-387; vgl. auch Dicken 2003: 441f. sowie Grossman 2006). Das Resultat dieses Prozesses, in dem die Repräsentanten der privaten Universalbanken in Deutschland sich neue Geschäftsbereiche erschlossen, indem sie die sie regulierenden Institutionen veränderten, stellte sich Ende der 1990er Jahre folgendermaßen dar: „centralized universal banks managed to reorganize the domestic financial marketplace according to the international standards of the hegemonic model, impose additional costs for raising regulatory standards on regional exchanges and the states, and bolster further the main exchange in Frankfurt." (Deeg/Lütz 2000: 398) Dies war gleichbedeutend mit einer Priorisierung von Investment Banking als grundsätzliches, durch die Börsen-Hausse der späten 1990er Jahre zusätzlich legitimiertes und die drei Säulen des deutschen Bankenwesens übergreifendes Geschäftsfeld (s. Jentzsch/Welsch 2004).

Die „Internationalisierung" oder „Globalisierung" von Märkten hat also im finanzwirtschaftlichen Sektor eine präzise Bedeutung, die sich auf die gesellschaftlichen Institutionalisierungen des Verständnisses von Markt bezieht. Es handelt sich dabei um eine nationale Deregulierung der Nachfrageseite bei gleichzeitiger internationaler Re-Regulierung der Angebotsseite. Diese kann auf supranationaler oder auch auf international-hegemonialer Basis erfolgen. Die Europäische Union und die USA werden dabei im Allgemeinen als Beispiele für alternative Regulierungsstrategien angeführt: während in der EU internationale Regulierungen auf vertraglicher Grundlage durch den Binnenmarkt-Prozess durchgesetzt wurden, verschafften sich in den USA geltende Rechtsnormen internationale Geltung durch die Marktmacht dortiger Investoren. Nationale Deregulierung und inter- bzw. supranationale Re-Regulierung zielen auf mehr Transparenz und Rechtssicherheit für die Investoren ab bzw. werden dadurch als weltweite Regulationsregime legitimiert (s. Power 2005). Der „Markt" wird dadurch als ein über die Nachfrage gesteuerter Kooperationsmodus codiert, d.h. als *Wettbewerb*. Es handelt sich dabei um einen spezifischen Kooperationsmodus, der dadurch stabilisiert und routinisiert wird, dass eine Ungleichheit in der Definitionsmacht der Teilnehmer hergestellt wird. Auf den so verstandenen Wettbewerb kann zwar als auf eine Universalie Bezug genommen werden, um entsprechende wirtschaftspolitische Forderungen zu begründen;[15] dennoch ist der Wettbewerb in diesem Marktverständnis weniger als eine universelle Gesetzmäßigkeit zu sehen, sondern vielmehr als eine Norm, die von den Interessen der Nachfrageseite her definiert wird und deren Einhaltung überwacht werden muss. Es ist daher konsequent, nicht bloß von der Regulierung der Beziehungen zwischen Wirtschaftssubjekten, sondern von der *Konstitution* von Wirtschaftssubjekten in solchermaßen regulierten Beziehungen zu sprechen. Beispielsweise sind die vielfältigen Bemühungen in der Europäischen Union, einen „fairen" Wettbewerb zwischen konkurrierenden Anbietern sicherzustellen, nicht nur als eine Re-Regulierung der Beziehungen zwischen präexistenten Subjekten zu betrachten, sondern diese Bemühungen konstituieren die Subjekte erst als miteinander konkurrierende. Dies zeigt, dass der „Markt" soziologisch nicht unabhängig von der Weise, in der er repräsentiert wird, untersucht werden kann.

Diese drei Konstituenten gegenwärtiger finanzmarktlicher Regime – Organisationen, Klienten und Verständnisse des Marktes – sind nicht als objektive Rahmenbedingungen aufzufassen, sondern werden in ihrer Bedeutung für die Akteure erst sichtbar durch die Interpretationen, die ihnen beigelegt werden. Die folgende empirische Untersuchung konzentriert sich auf einen Aspekt dieser Bedeutungsbeilegung, nämlich die Weise, in der Finanzmarktprofessionelle in ihrer Kritik finanzmarktlicher Ordnungen auf Organisationen, Klienten und Marktauffassungen zu sprechen kommen. Durch diese Kritik wird die Reflexivität der gegenwärtigen Finanzmärkte, d.h. die Emergenz von Deutungen dieser Märkte auf der Grundlage der sie instituierenden Praxen, in einen gesellschaftlich-kulturellen Kontext gestellt und diese Verbindung hinsichtlich ihres Sinngehalts analysierbar gemacht.

b) Kritik an finanzwirtschaftlichen Organisationen

Im Zentrum dieses Abschnitts steht die empirische Frage, welches Bild Finanzmarktprofessionelle von ihrem eigenen Unternehmen als wichtiger Säule der gesellschaftlichen Instituierung der Finanzmärkte haben. Allgemein ist zu sagen, dass Kritik am eigenen Unternehmen in den Interviews durchaus keine Seltenheit ist. Von den interviewten 15 FondsmanagerInnen etwa finden sieben mehr oder minder deutliche Worte für „ihre" Bank oder Fondsgesellschaft. Die Kritik der FondsmanagerInnen steht dabei zumeist im Kontext von Problematiken, die mit der gegenwärtigen allgemeinen Lage der Finanzwirtschaft bzw. der Finanzmärkte in Zusammenhang gebracht werden: es geht um die Art und Weise, wie sich das eigene Unternehmen an schwierig gewordenen Märkten, an denen man nicht mehr automatisch verdienen kann, verhält.

Die Analyse der Kritik von Finanzprofessionellen an ihren eigenen Unternehmen möchte ich mit einer Interviewsequenz beginnen, die in hohem Maße narrative Züge trägt. Es handelt sich bei der Respondentin (A) um eine Fondsmanagerin, die in einer deutschen Fondsgesellschaft arbeitet, welche kurze Zeit vor dem Interview mit einer anderen Gesellschaft fusioniert ist. Die Interviewerin hat an sie, die Fonds mit Portfolios aus Aktien deutscher Unternehmen betreut, eine Frage bezüglich der Bedeutung des Miterlebens des Börsenprozesses und von Mitgestaltungsmöglichkeiten gerichtet. Die Respondentin schildert zunächst, dass die eigene Stimmung und die der Kolleginnen und Kollegen stark vom täglichen Erfolg an den Finanzmärkten abhänge. Diese Schilderung ist allgemein gehalten und nicht auf einen bestimmten Zeitraum bezogen. Dann wechselt die Respondentin zu einer Entgegensetzung von früherer und heutiger Arbeitszufriedenheit.

A: Und – der Druck der: - ä: dann schon auf einem lastet der is in den letzten Jahren schon: immens gestiegen neh? früher – als ich noch bei: äh meiner alten Company war die ja jetz verschmolzen is in diesem Kon-klomerat hier – hh äh: w- w - - thhwäh - th ja: da wa hatten wir ne andere Philosophie wir hamn – sagen: - wir sind langfristich orientiert – hh unsere Anleger ja auch hh und: da: äh kommen so Tagesbewegungen: – spielen jetz nich so die große Rolle. Das hat sich aber total gewandelt indem

I: ja

A: hh – wir jetz viel mehr auf die Konkurrenzprodukte gekuckt – eigentlich jeden Tag - ja? – Nich mehr so wie früher mal eben in der Woche oder so sondern jeden Tag wo steh ich wie stehn meine Konkurrenten

I: ja:

A: hh – UND DAS WIRD NATÜRLICH AUCH EXTREM VON DEN MEDIEN angeheizt dieses Verhalten die n-atürlich ihre Rennlisten da jede Woche jeden

I: ja ja

A: Monat haben und wer is der Beste wer is der Schlechteste: – hh und dann Äpfel mit Birnen unter Umständen vergleichen Sachen vergleichen die man gar nich vergleichen kann hh – aber – DIESEM DRUCK – IS MAN NUN AUSGESETZT also man – dem Druck der MEDIEN – der Druck hier der Geschäftsführung und der Druck natürlich der Anleger.

I: Ja.

A: Hh – also mer hat da schon n ganz schönen Eiertanz – manchmal aufzuführen.

Respondentin A nimmt Rekurs auf einen verallgemeinerten Erlebnishorizont in ihrer „alten Company" und in dem neuen, fusionierten Unternehmen, dem sie jeweils eine spezifische Umgehensweise mit den Dynamiken der Finanzmärkte zuordnet. Mit der die Sequenz einleitenden Feststellung, dass der Druck gestiegen sei, vermittelt sie noch vor der Schilderung ihres ursprünglichen Arbeitsumfeldes den Eindruck, dieses sei entspannter gewesen. Den Grund dafür gibt sie mit einem Schutz vor „Tagesbewegungen" an der Börse an, die nicht bis auf die Arbeitsebene durchgeschlagen seien. Dieser Modus der erzählten Erinnerung, der durch die Verwendung des Pronomens „wir" gekennzeichnet ist und das gesamte Unternehmen und die Anleger einbezieht, ist mit der Halbwachsschen Konzeption des „kollektiven Gedächtnisses" (Halbwachs 1966, 1967) analogisierbar: Es handelt sich in der erzählenden Rekonstruktion um eine Erinnerung, die ihre Geltung aus dem Bezug auf eine soziale Gruppe bezieht. Die prozessuale Implikation für den Fortgang der Erzählung ist – „das hat sich aber total gewandelt" – dass die Erinnerung zwar fortbesteht, aber ihr soziales Substrat verloren hat. Übrig geblieben ist einzig die Respondentin, deren Erinnerung nicht mehr eine Gemeinschaft indiziert, sondern nur noch, wie in Halbwachs' Konzeption die Ältesten einer gegebenen Gruppe, eine Erinnerung, die nicht mehr im Wahren ist, weil die Gruppe, die die Anschlusskommunikation gewährleistete, nicht mehr existiert (s. Halbwachs 1967: 49). Die Erzählung wird so zu einem Bericht über die gegenwärtigen Arbeitsbedingungen, der von Passivkonstruktionen und einem unpersönlichen „man" geprägt ist. Diese Situation stellt sich als eine Vereinzelung innerhalb des Unternehmens und als ein Ausgesetztsein an die Erwartungen unterschiedlichster Gruppen dar, die nicht mehr als Teile einer Gemeinschaft, sondern als irrationale, weil kurzfristig orientierte Kräfte in einem Wettbewerbsverhältnis erscheinen.

Die Respondentin entwickelt das Motiv des Übergangs von einer Geschütztheit vor der kurzfristigen, irrationalen Logik der Konkurrenz zu einem Ausgesetztsein an diese also nicht bloß inhaltlich, sondern unterstreicht es formal, nämlich durch die performative Beschwörung eines Erinnerungsmodus, der nach der Fusion zusammen mit den erinnerten Zuständen untergegangen ist. Die kurzfristige Orientierung an den Finanzmärkten erscheint in ihrer Darstellung als ein nicht nur die alten Arbeitsbedingungen, sondern auch die Erinnerung an sie zersetzendes Moment, indem die Integriertheit von „ich", „wir" und den Anlegern, die durch die langfristige Orientierung des Unternehmens gewährleistet war, zerfällt und damit auch die soziale Voraussetzung dieser Erinnerung. Die Delegitimierung des eigenen Unternehmens ist also inhaltlich mit einer Verabschiedung der langfristigen, professionellen Ansprüchen gerecht werdenden Unternehmens- und Anlagestrategie begründet; formal-narrativ wird sie im Prozess der Sequenz beglaubigt durch die Auflösung der Erinnerungsgemeinschaft, als deren atomisiertes Überbleibsel die Respondentin selbst erscheint. Die Kritik an der kurzsichtigen Anlagelogik und am eigenen Unternehmen bezieht sich somit prozessual auf die drohende Auslöschung *der Kritik selbst als Gegengedächtnis* gegen diese Tendenzen, welches eine „Widerspruchs"-Option i.S. Hirschmans (1974) begründen könnte.

Ein zweites Beispiel für eine Kritik am Unternehmen, die sich an dessen kurzfristiger Erfolgsorientierung festmacht, findet sich in einem Interview mit einem Fondsmanager, der sich zu einer langfristigen, fundamentalen Anlagestrategie bekennt und diese zu seinem beruflichen Ideal erhebt. Nachdem der Respondent diesen Gedanken entfaltet hat, gibt die Interviewerin in einer ad hoc-Frage ein Echo, worauf der Respondent seine Aussagen bezüglich der Möglichkeit langfristigen und fundamental gerechtfertigten Handelns differenziert:

R: das is eben <u>auch</u> – <u>viel Arbeit</u> ja?

I: Ja?

R: Ja. Muss man auch sehn und äh - hh: gut. Und n bisschen: äh: n bisschen – Gespür. – Für die Märkte: also – oder was wir dann oder n: - gutes Händchen nennt man das auch man nennt weil: - grade durch die: hohen: Schwankungen hh – is auch äh: hat das Timing auch äh – hh – also sprich der – Zeitpunkt des Kaufes auch ne sehr starke – hh äh Rolle angenommen mittlerweile oder des Verkaufes eben. Mkhä und: äh: - deshalb: is: es: - in der Beziehung schwierig geworden. – Und – es is eben so: dass man häufiger länger mal warten muss bis sich: durch diese starken Übertreibungen ja bis sich gewisse Ideen und äh – hh: - äh Dinge durchsetzen und dann is es auch manchma nich so einfach - auch – sie hamn dann n Druck von der Geschäftsführung haben Performancedruck oder hh – wie auch immer. – Hh und – müssen gewisse Ergebnisse erreichen oder sollen die erreichen und äh:ä: - kommen unter Umständen dieses eine oder das andere Jahr mit ihrem Stil eben: - n:ich: so in die Richtung wenn auch – hh per Saldo vielleicht doch aber – das is eben ne Frage dann. – Wie: äh – hh: - wie lange Sie das: entsprechend gut – schaffen.

In dieser Sequenz führt der Respondent neben der fundamentalen Orientierung ein zweites wichtiges Erfolgskriterium ein, nämlich ein „Gespür" für die Märkte zu haben. Dies begründet er mit einer Verkomplizierung des Arbeitsumfeldes aufgrund der allgemeinen Zunahme von Volatilität an den Finanzmärkten, aber auch veränderter Erwartungen der Geschäftsleitung, die dadurch „Druck" erzeugt, dass sie in kurzen Abständen Leistungsbeurteilungen vornimmt. Dies stellt dem Respondenten zufolge eine grundsätzliche Schwierigkeit in der Verfolgung einer langfristigen Anlagestrategie dar, weil es auf eine Konfrontation zwischen den kurzfristigen Erfolgserwartungen der Geschäftsleitung und dem langfristigen Operationshorizont des Professionellen hinaus läuft. Deswegen ist die Position von Finanzprofessionellen grundsätzlich prekär: die eigene Organisation erschwert ihnen die Verfolgung einer Strategie, die ihren beruflichen Überzeugungen entspricht.

Um die Besonderheit der Kritik der beiden RespondentInnen herauszuarbeiten, wird sie nun mit einem Kontrastfall konfrontiert. Dazu wird eine Sequenz aus einem Interview mit einer weiteren Fondsmanagerin (B) gewählt, die in der theoretischen Stichprobengestaltung zu der eben angeführten Beschäftigten (A) einen Kontrastfall darstellt, da sie in einer Fondsgesellschaft arbeitet, die zu einer von Deutschlands nicht-privaten Finanzgruppen gehört, und überdies keine Fusionserfahrung gemacht hat. Diese Fondsmanagerin übt keine offene Kritik an ihrem Unternehmen, sondern stellt stattdessen eine starke Identifikation mit dem eigenen Haus, das für sie durch das Team repräsentiert ist, zur Schau. Ein weiteres Indiz für die unterschiedliche Einstellung zum eigenen Haus, aber auch zu großen Gesellschaften im Allgemeinen, findet sich in den Antworten auf die Frage nach beruflicher Selbständigkeit, also nach einer selbständigen Vermögensverwaltung: während für Respondentin A berufliche Selbständigkeit aufgrund der schlechten Auftragslage „momentan" keine persönliche Option vorstellt, wäre eine solche Selbständigkeit für Respondentin B per se eine „Katastrophe". Unterschiedlich starke Affinitäten zum eigenen Haus finden in unterschiedlichen Bewertungen einer Loslösung von ihm ihren Niederschlag. In der Sequenz, die hier zu kontrastiven Zwecken herangezogen wird, geht es um eine Frage, die auch Respondentin A beschäftigt, nämlich die Auswirkung kurzfristiger Rationalitäten auf das tägliche Geschäft und die Umgehensweisen mit dieser Problematik.

B: Teilweise möchte ma's manchmal aufgeben. Aber das - steht nicht zur Debatte das heißt sich weiterhin einzuarbeiten weiter an Details zu arbeiten die - also ma muss ja irgendwo Informationsvorsprung haben. Also an diesem mm-Informationsvorsprung weiter arbeiten und auf jeden Fall weiter diese Bausteine - also 's is bald-bald wie 'n Hausbau - Unternehmen zu beurteiln.

I: Ja.

B: S kommt immer wieder 'n Stein dazuu und hier und da wird ma umgebaut phh und von daher da auf jeden Fall weiter zu machen und sich natürlich dann Informationen über die - Markt Gefühlslage am Markt zu beschaffen: wie ist das Sentiment des Momentum für diesen Aktien im Augenblick? und daraus dann auch teilweise in Verbindung mit dem Wissen was man hat und was man ner Aktie zutraut oder was nicht - phh dann im Augenblick auch mal kurzfristige Handlungsempfehlungen abzugeben zu können. Nach dem Motto: Aktie ist bei siebzehn Euro fuffzig ich glaub die geht auf zwanzig in nächsten drei Wochen - rein oder raus? Aber was normalerweise nicht unser Fall wäre wir arbeiten im Horizont von drei bis fünf Jahren.

I: ja

B: Nur im Augenblick is wirklich durch die starken Tagesschwankungen viel Geld zu machen oder auch zu verliern hm.

I: mhm. Also Sie setzen auch so'n bisschen auf Sentiment Analysen?

B: Ja. Aber natürlich.

I: Ja?

B: Mein ma hört immer ma hat ja auch 's Ohr am Markt. - S rufen genug Sales Leute Broker an und dann hört ma hier was und da was und ich mein Momentum Charts kann ich mir auf Bloomberg überall anrufen - p- äh aufrufen kein Thema. Nich dass ich jetzt mit allem berücksichtigen würd ma muss es berücksichtigen wenn's den Markt bewegt muss man da auch mal 'n Auge drauf geworfen haben. Ich mein ich bin ich würd jetzt nich die Chartanalyse so weit betreiben ich halt's persönlich für sinnlos aber - es gibt Leut die halten doch viele Stücke drauf und manchmal reagiern Aktien dann am Wendepunkt darauf. Also 's sind so kleine Punkte die man mit berücksichtigen muss aber die nich wichtig sind eigentlich.

I: Genau wir warn grade bei den methodischen Vorgehensweisen.

B: Ok. (lacht) Eins ergibt des andere ja?

I: Ja. Also Sie sagen Sie ähm bevorzugen also die Fundamentalanalyse und eben auch diese Sentiment Sachen punktuell auch Chartanalyse.

B: Also Sentiment Momentum und Chartanalyse wirklich nur punktuell.

I: Punktuell ja.

B: Wir - sind hier- bottom up Analysten. Des is unser An- wir haben auch 'n langfristigen Ansatz.

An dieser Sequenz fällt auf, dass es sich nicht um eine Erzählung im Sinne einer berufsbiografischen Narration handelt, sondern eher um die Darstellung des beruflichen Alltags ohne besondere Zeiträume. Die einzige Ausnahme bildet der Bezug auf die „im Augenblick" vorherrschende kurzfristige Empfehlungspraxis, die diese als eine Ausnahmeerscheinung kennzeichnet, welche – so wird impliziert – nicht von Dauer sein wird. Daher darf man sich auch generell nicht allzu sehr auf kurzfristige Analysemethoden verlassen: Chartanalysen, bei denen aufgrund mathematischer Modellierung Kursverläufe in die nächste Zukunft fortgeschrieben werden, und Sentiment- oder Momentumanalyse, die versuchen, die „Stimmung" der Marktteilnehmer abzubilden und daraus Kurzfristtrends abzuleiten. Auf solche Instrumente wird dann zurückgegriffen, „wenn's den Markt bewegt". Die Neigung finanzmarktlicher Analyseinstrumente, die Voraussetzungen ihrer eigenen Wahrheit selbst herzustellen (vgl. Kapitel 1, Abschnitt c), wird hier durch die Respondentin in Betracht gezogen; da deren Einsatz aber nur an „Wendepunkten" nötig ist, kann das Problem der Kurzfristlogik entdramatisiert werden. Die Respondentin behält zu jedem Zeitpunkt die Kontrolle, sie kann alle Informationen aufrufen, und deswegen ist die ganze Angelegenheit „kein Thema". Deswegen auch kann man jene Instrumente persönlich für „sinnlos" halten. Worum es eigentlich geht, ist der Aufbau eines langfristig ergiebigen Informationsvorsprungs.

Die Kontrastierung der ersten Sequenz (Respondentin A) mit der letzteren trägt zu einer Sinnanreicherung, d.h. Detaillierung der Fallstruktur von Respondentin A bei. Die Schilderung der zerstörerischen Wirkung der kurzfristigen Erwartungshorizonte gelangt durch ihre Einbettung in ein berufsbiografisches Narrativ zu einer Dramatisierung (besonders durch die Repräsentation des Abbruchs der „alten Company"). Dies zeigt der Vergleich mit Sequenz B, der jegliche Dramatisierung ebenso wie ein biografisches Narrativ fehlt. Dadurch erhält der Einfluss kurzfristiger Erwartungshaltungen und Erfolgshorizonte bei A den Beigeschmack eines Niedergangs, während im Gegensatz dazu bei B der Einfluss kurzfristiger Rationalitäten eher als Ausnahme oder Kuriosität erscheint, über die man sich weiter keine Gedanken machen muss. Die wichtigste Beobachtung aber betrifft die Rolle, die das eigene Unternehmen bei diesem Niedergang spielt. In der Narration von Respondentin A lässt es die kurzfristigen Rationalitäten ungefiltert eindringen und demontiert sich damit selbst als gemeinschaftsstiftendes Element, was performativ durch das Versinken kollektiver Erinnerung durch die Auflösung der Wir-Gruppe unterstrichen wird. Im Gegensatz hierzu formuliert Respondentin B im allerletzten Satz der Sequenz eine doppelte Bezugnahme auf eine kollektive, langfristige Identität, die es erlaubt, dass der Umgang mit den kurzfristigen Analyseinstrumenten und Rationalitäten ironisch und selbstreflexiv stattfinden kann.

c) Kritik an Klienten

Das Selbstverständnis als FinanzmarktexpertIn, das den RespondentInnen, wie der letzte Abschnitt gezeigt hat, eine Grundlage liefert, auf der sie ihr eigenes Unternehmen in den Interviews kritisieren, erstreckt sich auch auf die Schilderungen ihrer Beziehung zu ihren KlientInnen. Obwohl diese Beziehung nicht expliziter Gegenstand des Interviewleitfadens gewesen ist, kommen praktisch alle RespondentInnen in den Interviews auf sie zu sprechen, und zwar häufig durchaus kritisch. 9 von 15 AnalystInnen und 12 von 15 FondsmanagerInnen kritisieren ihre Klienten. Dies gibt Anlass, den Begriff der Professionalität in etwas größerer Breite zu diskutieren. Die Beziehung zwischen Professionellen und Klienten, wie sie in der soziologischen Professionalitätstheorie diskutiert worden ist, enthält wichtige Implikationen für das Verhältnis zwischen professioneller Kritik und der kulturellen Repräsentation der Gesellschaft.

In der Professionssoziologie werden FinanzmarktexpertInnen selten in den Kontext eines professionellen Anforderungsprofils gestellt und nie als Professionelle untersucht, sondern allenfalls zu exemplarischen Zwecken herangezogen.[16] So indiziert etwa für Andrew Abbott (1988: 65, 103) die Möglichkeit der Kündigung eines Kontos durch einen Bankkunden in paradigmatischer Weise eine professionelle Kooperationsbeziehung, weil sie die grundsätzliche Gleichberechtigung von Klient und Experte in der professionellen Beziehung (bzw. ihrer Beendigung) demonstriert. Auf diese professionelle Beziehung als zentralem Kriterium professionellen Handelns, das es von anderen Formen der Berufstätigkeit abgrenzt, ist seit den Arbeiten Talcott Parsons' immer wieder hingewiesen worden. Parsons hat an verschiedenen Stellen die Überzeugung formuliert, dass die Integration hochdifferenzierter Gesellschaften weder über Marktkräfte noch über administrative Autorität zu gewährleisten sei – also über das, was Habermas (1995 [1981]) später als systemische Mechanismen bezeichnen wird – sondern über die konkrete Bewährung allgemeiner, abstrakter Werte in professionellen Situationen, nämlich solchen zwischen Experten und Klienten. Professionalisierungsvorgänge werden im Spätwerk Parsons' deswegen wichtig, weil die Professionen für ein bestimmtes Verständnis der Möglichkeit der kulturellen Integration der Gesellschaft einstehen, das den ursprünglichen Gedanken des „latenten Strukturerhalts" durch allgemein geteilte Werte modifiziert: „Der Umstand, dass im professionellen Dienst am Anderen egoistische Interessen in hohem Maße reglementiert sind, gilt ihm [Parsons, d. Vf.] als Beweis für die Berechtigung eines normativen Theoriemodells sozialer Ordnung, als unmittelbare Evidenz für den institutionalisierten Charakter von Werten." (Wenzel 2005: 51)

Mit diesem Ansatz ist Parsons sowohl gegen systemtheoretische Differenzierungsmodelle als auch gegen kulturalistische Integrationstheorien abgegrenzt. Zwar sind für ihn die Professionen die historische, institutionalisierte Kristallisierung des „Wertmusters der kognitiven Rationalität" (Wenzel 2005: 57) und verkörpern damit besonders prägnant das zentrale dynamisierende Element moderner Gesellschaften, nämlich ihre Tendenz zur funktionalen Differenzierung und zur Rationalisierung von Wissensbeständen; aber gleichzeitig implementiert ihre Tätigkeit eine kollektiv ausgerichtete Rationalität, deren Geltung sich in Kooperationsbeziehungen zwischen Professionellen und Klienten einlöst (vgl. Wenzel 2005: 50). Diese kollektive Orientierung ist also nicht im Sinne eines Durkheimschen Kollektivbewusstseins zu verstehen, denn Professionelle berufen sich auf wissenschaftlich ausdifferenzierte, rationalisierte Wissensbestände, die einen spezifischen Bildungsweg erfordern und deswegen nicht jedem zugänglich sind (vgl. auch Klatetzki 2005: 257-269). Die integrative Wirkung professionellen Handelns liegt stattdessen, Parsons zufolge, in ihrer „Treuhänderfunktion" (*fiduciary function*, s. Parsons 1978 [1975]: 30) beschlossen: Statt kognitive Rationalität abstrakt zu propagieren, lassen Professionelle in ihrer Arbeit Rationalität sich qua Implementierung bewähren und erzeugen damit bei sich selbst wie bei den Klienten Vertrauen in diesen „Wert" der Rationalität.

Eine solche Form der situativen Bewährung von Werten, die Parsons zufolge vor allem im Wissenschaftssystem ausdifferenziert sind, bildet das zentrale Charakteristikum kultureller Kohäsion in posttraditionalen Gesellschaften: „Mit dem Verlust eines umfassenden, verbindlichen Wertesystems, das alle auftretenden Situationen regeln kann, erhalten wechselnde Situationsdeutungen zunehmende Bedeutung." (Wenzel 2005: 62) Das Vertrauen in die Möglichkeit rationaler Problemlösung und Zielerreichung wird gerade dadurch generalisiert, dass sie sich punktuell und in wechselnden Situationen bewähren können. Auf der Handlungsebene setzt diese Form posttraditionaler gesellschaftlicher Integration die Aktualisierung kognitiver, an den wissenschaftlich-rationalen Prozess der Erkenntnisgewinnung rückgebundener Sachkompetenz und gleichzeitig den Aufbau einer Vertrauensbeziehung zum Klienten voraus, innerhalb derer sich die Nützlichkeit der Expertise fallspezifisch erweisen kann. Diese Bewährung konkreter Expertise erzeugt Vertrauen in rational bewerkstelligbare Problemlösung, das auf der Systemebene ein kulturelles Gegengewicht zur funktionalen Zergliederung der Gesellschaft darstellt (s. Parsons/Platt 1973: 33-102, 225-266; Parsons 1978 [1969]; Parsons 1978 [1975]; Parsons 1978 [1977]).

Die Bedeutung abstrakten, wissenschaftlich übermittelten Wissens für das professionelle Selbstverständnis der interviewten RespondentInnen zeigt sich exemplarisch in folgender Sequenz aus einem Interview mit einem Fondskonstrukteur (Respondent C):

> C: Hh – und ich kam – ZU DER GANZEN GESCHICHTE EIGENTLICH DURCH N DUMMEN ZUFALL: nämlich durch die Teilnahme an einem Börsenspiel. Mtzhä – und hab ich gemerkt hei! Ich hatte überhaupt keine Ahnung – äh: es warn: – zwonhalbtausend Teilnehmer von der Universität A- Universität ausgerichtet – hh ich kam ohne Vorahnung auf Platz zwölfhundertirgendwas hab ich gesagt hei! – Super. Du WEISST NIX. – Du kannst was. – Ohne was zu wissen hh muss ja n toller Job sein. – Hh: - dass es ganz so einfach nich is hab ich dann im Studium festgestellt.

In dieser Sequenz zeigt sich auf inversem Wege die Bedeutung, die abstrakte Kenntnisse im professionellen Selbstverständnis spielen: Diese Bedeutung wird selbst als ein mit der Ausbildung verbundener Lernprozess repräsentiert, in dem die anfängliche, alltagstheoretische Missachtung abstrakter Kenntnisse sich als Irrtum entpuppt, der im Studium aufgeklärt wird. Das Studium repräsentiert in dieser biografisch-narrativen Sequenz somit sowohl inhaltlich als auch performativ die Bedeutung abstrakter Kenntnisse: Diese kontrastieren mit dem „dummen Zufall", die den Ausschlag bei der Entscheidung für das Studium gegeben hatte, und korrigieren ihn gleichzeitig.

Man kann somit bereits jetzt sagen, dass die interviewten RespondentInnen professionelle Selbstkonzepte im Parsonsschen Sinne unterhalten. Generell verfügen FinanzmarktexpertInnen als Berufsgruppe über bestimmte Merkmale, die eindeutig dem Bereich der Professionen zuzuordnen sind. Sie haben in der Regel einen akademischen Bildungsabschluss (oft der Volks- oder Betriebswirtschaftslehre) und sind somit unter Rückbindung an das Wissenschaftssystem und abstrakte Wissensbestände ausgebildet worden. Der Grad der Verwissenschaftlichung der Ausbildung im Bankgewerbe ist in den vergangenen Jahrzehnten stark angestiegen (Lounsbury 2002; Dicken 2003: 445); besonders in den letzten Jahren ist überdies „ein deutlicher Trend zu höherwertigen Funktionen erkennbar" (Herrndorf 2005: 147).[17] Unabhängig von der Frage abstrakter Bildung arbeiten sie in stark praxisorientierten Berufen, in denen sie das theoretisch erworbene Wissen situationsspezifisch anwenden müssen und sich keine deduktiven Generalisierungen leisten können. Sie stehen oftmals in direktem Kontakt mit einer bestimmten Klientel – bei FondsmanagerInnen sind dies etwa die institutionellen AnlegerInnen, bei AktienanalystInnen die Vorstände der bewerteten Unternehmen. Diese Klientel hat einigen Anlass, ihre Kooperation mit den FinanzexpertInnen als existenziell einzustufen, was natürlich besonders für das Privatkundengeschäft gilt, aber auch in der Zusammenarbeit mit institutionellen AnlegerInnen und insbesondere mit analysierten Unternehmen der Fall ist. FondsmanagerInnen wie AnalystInnen sind in Berufsvertretungen organisiert, die für sich in Anspruch nehmen, die Kriterien professionellen Handelns festzulegen – jüngst etwa im Zusammenhang mit so genannten Ethikrichtlinien, die auf speziellen Weiterbildungen angeeignet werden, welche in einem Erwerb von Qualifikationstiteln resultieren.[18] Es ist somit schon auf einer phänomenologischen Ebene nicht abwegig, zumindest einige Berufsbilder in der Finanzwirtschaft zu den Professionen zu rechnen, weil diese unbestreitbar professionstypische Merkmale aufweisen.

Die Parsonssche Fassung der professionellen Beziehung bringt nicht nur, wie Wenzel hervorhebt, eine normative Perspektive auf kulturelle Kohäsion zum Ausdruck, sondern siedelt die Einlösung dieses normativ formulierten Modells auf der Ebene der Beziehung zwischen Professionellen und Klienten an. Parsons ist Kritiken, die ihm eine autoritäre Konzeption einer solchen Beziehung vorwarfen und auf der Gleichberechtigung von Professionellem und Klient in jeder Hinsicht bestanden, dadurch begegnet, dass er die funktionale Notwendigkeit der Asymmetrie dieser Beziehung am Beispiel des Verhältnisses zwischen Arzt und Patient hervorhob: „with respect to the inherent functions of effective care and amelioration of conditions of illness, there must be a built-in institutional superiority of the professional roles, grounded in responsibility, competence, and occupational concern." (Parsons 1978 [1975]: 29)

Das Professionalitätsverständnis der interviewten Finanzprofessionellen nun, das sich in den Interviews findet, entspricht dieser normativen, funktionalistisch begründeten Konzeption bis ins Detail. Dies zeigt sich nicht nur in den Interviewpassagen, in denen die RespondentInnen auf ihr berufliches Selbstverständnis eingehen, sondern vor allem auch dort, wo sie ihre Klienten kritisieren, denn diese Kritik läuft sehr häufig darauf hinaus, dass die Klienten bestimmten Rollenerwartungen nicht entsprechen, die man als Professionelle(r) legitimer Weise an sie richten kann. Das professionelle Selbstverständnis dient in den Interviews damit nicht nur, wie im letzten Abschnitt gezeigt, der Kritik des eigenen Unternehmens, sondern auch der Kritik der Klienten. Die folgende Darstellung bezieht sich dabei hauptsächlich auf die Kritik von FondsmanagerInnen an ihren KlientInnen, weil diese einen schärfer konturierten Bezug zu ihnen unterhalten müssen, als dies bei AnalystInnen der Fall ist.

Die Kritik bezieht sich auf folgende Aspekte: Delegitimierung professionellen Handelns durch überzogene und kurzfristige Erwartungshaltungen; gestiegener Performancedruck durch eben diese Erwartungen; Mitverantwortung für die Börsen-„Blase" der 1990er Jahre und die darauffolgenden übertriebenen Kursrückgänge, die auf Panikverkäufe zurückzuführen seien; ganz allgemein Schaden für die Aktienkultur in Deutschland. Nur vereinzelt finden sich kritische Hinweise auf Unternehmensvorstände, die durch falsche Zahlen und geschönte Bilanzen fehlerhafte Analysen des Kurswertes und der Potenziale ihrer Unternehmen zu verantworten hätten. Die Kritik richtet sich somit hauptsächlich gegen die (institutionellen und privaten) AnlegerInnen und weniger gegen die Unternehmen, die analysiert bzw. im Portfolio gehalten werden

Im Vordergrund dieser Kritik steht die, wie häufig geäußert wird, „Irrationalität" (die „Gier und Angst") der AnlegerInnen, die sich vor allem in zu kurzfristigen Erwartungs- oder Befürchtungshaltungen in Bezug auf finanzmarktliche Entwicklungen äußere. Im Kern geht es also um eine bestimmte, abzulehnende temporale Ordnung von Erwartungshaltungen. Diese führe sowohl zur Delegitimierung professionellen Handelns am Finanzmarkt als auch zu Marktentwicklungen, die durch starke und fundamental ungerechtfertigte Volatilität (d.h. kurzfristig starke Auf- und Abschwünge von Kurswerten) gekennzeichnet seien. Bereits im letzten Abschnitt wurde in der Sequenz aus dem Interview mit Respondentin A deutlich, dass den AnlegerInnen, neben den Massenmedien und der eigenen Unternehmensführung, zu kurzfristige Erwartungshaltungen zugeschrieben werden. In der im Folgenden analysierten Sequenz mit einem Fondsmanager (Respondent D), der in der Anlagegesellschaft einer Privatbank beschäftigt ist, wird diese Kritik ausgeführt und in den historischen Kontext der Börsenentwicklung seit den 1990er Jahren gestellt.

> I: ok – hh ja: komm mer zum Anlegerverhalten: - Sie haben da: schon bisschen was gesacht über die Institutionellen – hh wodurch glauben Sie zeichnet sich Anlegerverhalten – an der Börse aus.
>
> D: Mtz – durch Angst und Gier.
>
> I: Ja: wollt ich grad fragen die Börse ist geprägt von Gier und Ahahaha
>
> D: Ja!
>
> I: häh – hähähä
>
> D: Es is so. – hähähä ja so is es.
>
> I: hähähä hhh hähä
>
> D: Das wird so sein. Ja? Hhähh – das is wirklich so. Ich kann dem eigentlich auch nichts hinzuzufügen genau das is insofern is es genauso. Hh – äh: s die Leute konnten: - nicht genug äh: ihr Portfolio noch ma beleihen und nochma Geld aufnehmen als die Kurse am Neuen Markt nach oben schossen man hatte äh: dreißig Konten gehabt und jedem irgendwelche Neuemissionen gezeichnet man hat alles in Bewegung gesetzt und äh: hhh – äh mein Fitnesstrainer meinte mir sagen zu müssen welche Aktien ich kaufen muss und äh: - hh – woraufhin wir ma gesacht haben ok wir sprechen uns in drei Jahren mal wieder und dann kucken wir mal ob du dann noch äh – phh hhä: - aber mittlerweile arbeitet er nicht mehr im Fitnessstudio die haben auch ABGEBAUT PERSONAL! – Hh

ch:ja <u>also</u> – <u>so weit</u> war es dann ge<u>kommen</u> nich und – das is so n typisches Beispiel eigentlich dafür wenn man irgendwo das – der <u>Zenit dann erreicht is</u> – fhh - ähm: und
<u>umgekehrt</u> is es jetz <u>genauso</u> also <u>ähm</u>: - - der Aktien: - das is n <u>Teufels-zeug</u>: und äh
<u>man</u>: - mag s nun kaum - thhä: - be<u>rühren</u> und <u>ähm</u> – aber <u>das</u> auch ne <u>Tücke</u> die sich
auch <u>wieder geben wird</u> spätestens <u>jetzt</u> wenn die Kurse <u>wieder</u> und sie sind ja eigentlich
<u>sch</u>- schon letztes Jahr recht gut ge<u>stiegen</u> – und <u>äh</u> – hhfm – wenn man dann: - <u>entspre-</u>
<u>chend äh</u>: - hh – be<u>obachtet</u> – äh: - tz – n <u>die Leute fangen schon wieder an</u> über die
ent<u>gangenen Gewinne</u>: - die die nich beteilicht waren nachzudenken. Hh: - <u>und deswe-</u>
<u>gen</u>: ähm: - ph – funktioniert die – Spirale auch wieder in die andere Richtung. – So mei-
ner Ansicht nach.

Der fünffach wiederholten Bestätigung, dass die Börse von Angst und Gier getrieben sei, die am Anfang der Sequenz steht, ist eigentlich, wie der Respondent
sagt, nichts hinzuzufügen. Was er nichtsdestoweniger hinzufügt, ist eine Exemplifizierung, die auf eine zunächst nicht näher bestimmte Vergangenheit verweist,
weil der Respondent offensichtlich davon ausgehen kann, dass für die Interviewerin der Zusammenhang mit dem rapiden Anstieg der Kurse am Neuen Markt
in der zweiten Hälfte der 1990er Jahre evident ist. Diese Exemplifizierung hat
zunächst die übermäßige und irrationale, weil durch Gier getriebene, Beleihung
von Konten zum Gegenstand, geht dann aber über in eine Kritik der Hybris von
Laien (dem Fitnesstrainer), die meinten, es besser zu wissen als die Professionellen. Dann erfolgt die Schilderung einer Abmachung, welche die Struktur einer
rationalen, weil langfristigen Wette hat (drei Jahre), die der Laie gegenüber dem
Respondenten in einem doppelten Sinn verloren hat und damit für seine Hybris
büßt: einmal nominal durch den Niedergang der Aktien, die er zum Kauf emp-
fohlen hatte, und zweitens durch die implizierten sozialen Folgen („auch abge-
baut Personal"), die der Niedergang des Neuen Marktes hatte und die den Laien
unmittelbar betreffen.

Diese Verdopplung der Folgen der Hybris ist das organisierende Zentrum der
Sequenz, denn das „so weit war es dann gekommen", in dem sich die Kritik an
den Klienten am deutlichsten artikuliert, bezieht sich sowohl auf die Laien, die
sich professionelle Sachkenntnis anmaßen, als auch auf den damit assoziativ verbundenen Niedergang des Neuen Marktes und die sozialen Folgen für jene Lai-
en. Dieses Zentrum repräsentiert in der Schilderung den Kulminationspunkt einer finanzmarktlichen Dynamik, die durch kurzfristige und unprofessionelle
Gewinnerwartungen ausgelöst wurde und gleichzeitig diese Erwartungen nominal widerlegt und performativ bestraft. Die folgenden Schilderungen ordnen das
Beispiel in einen zyklisch wiederkehrenden Vorgang der Übertreibung durch
irrational handelnde Laien ein und machen diese zyklische Dynamik als dynamisierendes Moment der Kursverläufe aus, womit sich die eingangs vielfach bestä-
tigte Allaussage, die Börse sei durch Gier und Angst geprägt, bestätigt. In der
Interviewsequenz mit Respondent D wird somit eine Kritik der sich selbst über-

lassenen AnlegerInnen formuliert, deren Hybris Marktdynamiken erzeugt, die für die Laien zu Verderben bringenden Konsequenzen führen.

Während aus der Sicht des gerade angeführten Respondenten (D) die Laienschaft der AnlegerInnen dadurch zum Problem wird, dass sie ihre irrationalen und kurzfristig ausgerichteten Erwartungen eigenmächtig auf die Finanzmärkte richten, wird in der nun zu besprechenden Sequenz stärker auf die normative Struktur der professionellen Beziehung eingegangen. Respondentin E arbeitet im selben Unternehmen wie Respondent D. Die Interviewerin hat eine Frage bezüglich der Bedeutung gestellt, die es für die Respondentin hat, gerade in diesem Unternehmen – der Anlagegesellschaft einer Privatbank – zu arbeiten. Die gesamte Antwortsequenz behandelt die unterschiedlichen Erwartungen, die private und institutionelle Investoren an eine solche Bank richten. Der folgende Ausschnitt behandelt das Verhältnis zu privaten AnlegerInnen.

> E: die besten Berater sind die: hh – die – die d- wo der Kunde sacht hier: ich hab Vertrauen zu Ihnen Sie machen das gut ja? Und dann klappt das auch dann weiß man auch man hat den Kunden hinter sich - ja? Man spricht mit dem der sacht ja ja. - - Das klingt – plausibel – machen se das. Hh – und wenn man dann merkt wenn auch mal was nich so läuft
>
> I: ja
>
> E: oder – hh und der sagt trotzdem ja ja wir hamn das damals so entschieden: ich weiß jetz war das nich so gut aber wissen se – hh - machen se s mal so weiter oder so – dann klappt das auch wieder. Hh – aber ich meine – grad die letzten drei Jahre hamn hier ja das Verhältnis das Vertrauensverhältnis zum Privat-investor – total zerstört.
>
> I: ja ja klar
>
> E: Ja? Der Privatinvestor hat also gemeint: ja: er hat ne Garantie: - hh un mit Klagen geht auch nich. Ja ich meine hh – m m – äh wenn ich mir das ankucke was – was teilweise da wollen Sie n Neuen Markt da wollen se innerhalb von drei Tagen hundert Prozent verdienen ja? Hh – m – lassen se auch noch – gehn noch irgendwelche Kredite nehmen se noch auf un so ich meine hh - - es kann mir keiner erklären dass es tatsächlich solche bekloppten – Bankberater gegeben hat die das für eine Privatmann vielleicht haben die s tatsächlich also ich würde das nie machen aber ich weiß nich – hh – aber meistens is es die Gier: ja auch von den Leuten ich
>
> I: ja klar – mhm
>
> E: seh s ja bei mir selbst ich äh:ä: was was die – was einen antreibt ja? Hh und und – dann der Druck. – Der Konkurrenzdruck.Umsatz Umsatz Umsatz ich mein es sind alle mit Schuld:. Aber es is leider so es is – letztendlich is es – hh eigentlich n Vertrauensgeschäft und nur – mit beiden im gleiche- am gleichen Strang ziehn und beide man unter-

hält sich mit man – kuckt was n Kunde vertragen kann – hh: - ich meine einer der seine
letzten fünftausend Euro: die er s: morgen für n Auto braucht: oder so meint

I: ja

E: er müsste jetz in die Börse investiern um se zu verdoppeln das is Quatsch. Neh? Das
is absoluter Quatsch. Sowas darf man nich machen. Ja? Hh – aber wenn da natürlich einer kommt und sagt ich möchte das hh – und: äh: und man dann sagt nein das – halt ich
nicht für sinnvoll weil – ich weiß nich was morgen mit den Kursen passiert nehmen se
nur die Hälfte oder so und dann sagt hh: ähm – und dann geht der ab und sagt so n Idiot
der hat keine Ahnung das is doch Mist ja? – Also – aber es is halt – ich seh selbst man
wird unter Druck gesetzt – hh – und hinterher soll man aber nur die Verantwortung ü-
bernehmen und das – bin ich eigentlich auch nich bereit dazu deshalb hh – Privatkunde
is immer noch so ne Sache.

Die Sequenz ist durch einen großenteils explizierenden Modus gekennzeichnet,
der überwiegend im Präsens verfährt und die Selbstadressierung der Respondentin (E) als Professionelle in ihren Beziehungen zu den Klienten zum Gegenstand
hat. Der Vergangenheitsmodus wird resultativ gebraucht: er dient der Heraus-
stellung eines gestörten, ja zerstörten Verhältnisses der Professionellen zu den
PrivatinvestorInnen. Hier zeigt sich deutlich die normative Struktur der professionellen Beziehung aus der Sicht der Professionellen: Es muss die Möglichkeit
gegeben sein, sich auf die Loyalität der AnlegerInnen auch dann verlassen zu
können, wenn deren Erwartungen punktuell enttäuscht worden sind, wobei die
Begründung dieser Loyalität auf dem gemeinsamen Treffen von Investitionsent-
scheidungen beruht. Diese Gemeinsamkeit ist in der Schilderung der Respondentin seit einiger Zeit prekär geworden, weil die KlientInnen die Wechselseitigkeit der professionellen Beziehung in ihrer Wahrnehmung durch eine „Garantie"
auf kurzfristige Gewinne ersetzt haben und auf der Grundlage dieses Irrtums
denselben Fehler begangen haben, den schon Respondent D kritisierte, nämlich
Kredite für hochspekulative Investitionen aufzunehmen.

Das organisierende Thema ist somit wechselseitiges „Vertrauen": Vertrauen erzeugt bei den KlientInnen die Bereitschaft zur Kooperation, und diese ermöglicht den Professionellen verantwortliches Handeln. Ein Vergleich dieses Ent-
wurfs mit Parsons' normativem, funktionalistisch begründetem Entwurf der professionellen Vertrauensbeziehung enthüllt indes zwei signifikante Besonderhei-
ten. Die erste besteht darin, dass die Respondentin einen Faktor ausmacht, der in
Parsons' Professionalitätstheorie keine Rolle spielte, nämlich die suggestive Kraft
des Marktes. Obschon ihr „keiner erklären" kann, dass BankberaterInnen ihren
Kunden zum irrationalen und womöglich kreditfinanzierten Kauf von Aktien
geraten haben, schließt sie es nicht aus – "vielleicht haben die s tatsächlich". E-
benso wenig nimmt sie sich selbst vor den verführerischen Kräften der „Gier"
aus, indem sie diese anthropologisiert. Zweitens besteht ihr zufolge der allgemei-

ne Wert, der sich in der professionellen Vertrauensbeziehung verwirklichen, nicht in kognitiver Rationalität, sondern in der Anerkennung ihrer Begrenztheit: die Auflösung der professionellen Beziehung vollzieht sich dann, wenn der/die KlientIn die fachliche Autorität des/der Professionellen nicht mehr anerkennt, aber diese besteht paradoxerweise in dem Meta-Wissen, *nicht* zu wissen, „was morgen mit den Kursen passiert". Die Begründung von Vertrauen in die professionelle Beziehung besteht nach dieser Deutung also in einer Anerkenntnis der generellen Unsicherheit an den Finanzmärkten und in der Wertschätzung des Schutzes vor illusorischen Sicherheiten, die die professionelle Beziehung gewährt.

Analog zu dem interpretativen Vorgehen im letzten Abschnitt wäre es auch hier angezeigt, nach Kontrastbeispielen einer solchen Kritik am Kunden unter den RespondentInnen mit einem vergleichbaren professionellen Profil zu suchen. Indes verläuft diese Suche bei den interviewten FondsmanagerInnen ergebnislos: es finden sich praktisch keine Beispiele, in denen das besonnene Verhalten von Klienten gelobt würde. Die einzige Ausnahme bildet ausgerechnet Respondentin E, die gerade zur Illustration einer Kritik am Klienten herangezogen wurde. Diese Kritik richtete sich gegen die PrivatanlegerInnen, nicht aber gegen die professionellen InvestorInnen, die die Hauptkundschaft der Respondentin bilden. Diese werden im Gegenteil für ihr Festhalten an der Vertrauensbeziehung zum Professionellen gelobt:

> E: Und wenn man die Verantwortung über<u>nimmt</u> – hh <u>es is</u> – <u>erstaunlich</u> dass – dass <u>viele</u> Inves<u>torn</u> das nicht <u>erkennen</u> dass <u>wir eigentlich</u> im <u>gleichen</u> Boot sitzen. <u>Sie wollen</u> <u>Geld verdienen</u> ich will <u>ja auch</u> für den Kunden <u>Geld</u> verdienen ich will nich für die <u>Bank.</u> – Ver<u>dienen</u> ja?
>
> I: ja
>
> E: Hh – <u>sondern</u> ich <u>möchte</u> eigentlich auch für den Kunden verdienen des<u>halb heißt es</u> <u>letzt</u>endlich wir sitzen im <u>gleichen</u> Boot wir möchten das <u>gleiche</u> wir müssen Ver<u>trauen</u> <u>haben</u> und deshalb hh – is es halt grad bei g- <u>institutionellen</u> hab ich das Ge<u>fühl</u> die verstehn da versteht man sich <u>besser</u> – hh <u>weil die</u>: die <u>hamn</u> einfach das Vertraun die sagn zu mir <u>gut. Sie machen das.</u> Ähm. – <u>Wir setzen auf Sie.</u> Ja? Hh – <u>so ein Privatmann</u> da hat man immer das Ge<u>fühl</u> er geht eher in Oppo<u>sition</u>.

Diese Sequenz macht eine Besonderheit der Kritik an den KlientInnen deutlich. Während im (einzigen) Fall des Lobes der KlientInnen deren temporale Orientierung nicht erwähnt wird, bildet die zu kurzfristige temporale Orientierung den zentralen Gegenstand der Kritik. Diese zu kurzfristige temporale Orientierung wird überdies mit bestimmten irrationalen, fundamental nicht begründeten Vorgängen an den Finanzmärkten in Verbindung gebracht, also zumeist mit der Börsen-„Blase" der 1990er Jahre, insbesondere am Neuen Markt, oder mit dem anschließenden übertriebenen Niedergang der Kurse, für den verschreckte AnlegerInnen verantwortlich gemacht werden. Dies deutet auf einen sinnhaften Zusammenhang zwischen professionellem Selbstverständnis und der Temporalordnung der Finanzmärkte hin, die sich in der Kritik an zu kurzfristig orientierten KlientInnen manifestiert.

Der Finanzmarkt repräsentiert sich in den besprochenen Interviewsequenzen als eine in die professionelle Beziehung uneindeutig intervenierende Variable. Auf der einen Seite ermutigen seine Dynamiken das Engagement unprofessioneller LaieninvestorInnen und bestärken deren irrige Erwartung, am Finanzmarkt eine Garantie auf Reichtum zu haben. Auf der anderen Seite strafen dieselben Dynamiken, wie besonders bei Respondent D deutlich wird, die Hybris des Laienhandelns im Moment seiner Kulmination, nämlich dann, wenn sich der Aufschwung am Scheitelpunkt der Wertkurve in einen Abschwung verwandelt. Die Konsequenzen dieser Intervention des Marktes in die professionelle Beziehung werden in den Interviews als ebenso zweideutig repräsentiert. Zunächst entwertet das durch die Marktdynamiken ermutigte Laienhandeln professionelle Expertise, und diese sieht sich von der „Gier" des Marktes selbst bedroht; dann vindiziert die Marktdynamik jene Expertise, indem sie Laienhandeln abstraft (Respondent D), ohne jedoch den Blick auf ein professionelles Wissen über die Marktdynamik freizugeben: möglich ist nur das Meta-Wissen, keine garantierte Prognose machen zu können (Respondentin E). Der Markt erscheint so auf der einen Seite als ein dynamisches Gebilde, das nur professionell beherrschbar ist und daher den Laien bei Strafe des Verlusts ihrer Anlagen die Einhaltung bestimmter Rollenmuster auferlegt; auf der anderen Seite als etwas, was die Begründung der professionellen Beziehung und des professionellen Selbstverständnisses immer schon unterläuft, weil es keinerlei abstraktes Wissen gibt, das irgendeine Prognose erlauben würde, sondern nur das Meta-Wissen, dass es ein solches Wissen nicht geben kann.

Die professionelle Beziehung bleibt somit grundsätzlich heikel, weil es keinerlei rationales Wissen über den Markt gibt, mittels dessen sie begründbar wäre. Der nächste Abschnitt vertieft diesen Befund, indem er nach den Kritikpraxen fragt, in denen die interviewten Finanzmarktprofessionellen die Finanzmärkte selbst hinterfragen.

d) Kritik am Markt

Im letzten Abschnitt wurde gezeigt, dass die Kritik der Finanzprofessionellen an ihren KlientInnen typischer Weise im Zusammenhang mit einer Anprangerung deren kurzfristiger Handlungsorientierungen und willkürlicher Entscheidungen an den Finanzmärkten steht („Affe schmeißt Dartpfeile", wie ein Respondent es ausdrückt),[19] und dass das Überhandnehmen solcher Handlungsorientierungen für irrationale und hochvolatile Bewegungen der Märkte verantwortlich gemacht wird. Die Kritik an den Klienten verweist somit auf die temporale Ordnung der Finanzmärkte. Dem entsprechend äußert die ganz überwiegende Mehrzahl der RespondentInnen – 24 von 30 – die Ansicht, dass die Finanzmärkte durch eine Zeitlichkeitsordnung *sui generis* gekennzeichnet seien, unabhängig davon, wie die Bewertung dieser Ordnung im Einzelnen ausfällt. In diesem Abschnitt werden jene Temporalitätsordnung und ihre Geltungskategorien auf der Grundlage der Aussagen der RespondentInnen rekonstruiert.

Zunächst fällt auf, dass die meisten RespondentInnen davon ausgehen, dass eine *langfristige* Analyse- bzw. Anlagestrategie die den Finanzmärkten grundsätzlich angemessene Vorgehensweise darstellt. Sie sei deswegen kurz expliziert. Die Zeitbestimmung „langfristig" ist an den Finanzmärkten nicht klar definiert, man versteht jedoch im Allgemeinen darunter Zeiträume von über sechs Monaten. Langfristige Aktienanalysen sind praktisch gleichbedeutend mit einer spezifischen Methode, der so genannten Fundamentalanalyse, die die Über- oder Unterbewertung von Aktienkursen eines Unternehmens anhand grundsätzlicher Unternehmens- und Wirtschaftsdaten bestimmt und auf dieser Grundlage eine Prognose erstellt. Aus diesem Grund sind für die Fundamentalanalyse die Kenntnis von Bilanzen und volkswirtschaftlicher Rahmenbedingungen, aber auch der Kontakt zu den Vorständen analysierter Unternehmen wichtige Informationsquellen. Dem entsprechend ist eine langfristige Strategie der Portfolioverwaltung eine solche, die auf Fundamentalanalysen aufbaut. Einer langfristig orientierten Analyse- oder Anlagestrategie zu folgen heißt somit immer auch, im praktischen Tun bestimmte Maximen über das Verhältnis von Finanzmarkt und Wirtschaft anzuerkennen: nämlich die „fundamentale" Begründetheit finanzmarktlicher Entwicklungen, d.h. ihre Bezogenheit auf „realwirtschaftliche" Entwicklungen wie etwa (auf betriebswirtschaftlicher Ebene) Unternehmensgewinne, getätigte Investitionen und Marktführerschaft oder (auf volkswirtschaftlicher Ebene) Kaufkraft, Wirtschaftswachstum und Inflationsrate.

Kurzfristige Anlagestrategien wurden bereits in Zusammenhang mit der Kritik an den Klienten erwähnt. Trotz dieser Kritik gehören sie durchaus zum professionellen Instrumentarium vieler RespondentInnen. Ebenso wie die allermeisten RespondentInnen die langfristige Orientierung insgesamt wertschätzen und für richtig halten (in welcher Weise, wird Gegenstand weiterer Betrachtungen sei), berichten doch nahezu ebenso viele vom mehr oder minder sporadischen Einsatz von Anlage- und Analyseinstrumenten, denen kurzfristige Erwartungshaltungen und Rationalitäten zugrunde liegen. Die einzige Ausnahme bilden einige wenige RespondentInnen, deren berufliche Tätigkeit sie in weiter Ferne vom unmittelbaren Geschehen an den Finanzmärkten positioniert (vgl. Langenohl/Schmidt-Beck 2006), etwa FinanzanalystInnen in volkswirtschaftlichen Abteilungen von Großbanken, für die qua organisationsinterner Arbeitsteilung einzig die langfristige Analysestrategie zählt.

Aus den Schilderungen der RespondentInnen wird ersichtlich, dass die kurzfristigen Instrumente, im Unterschied zu langfristigen Strategien, nicht mit einer bestimmten Maxime über das Verhältnis zwischen Finanzwirtschaft und „Realwirtschaft" assoziiert werden: Während eine langfristige Orientierung eine bestimmte theoretische Sichtweise indiziert, nämlich dass Finanzmärkte an die Entwicklungen der Realwirtschaft gekoppelt seien, können kurzfristige Instrumente auf einer Vielzahl von Theoremen gründen, von denen einige bereits angesprochen wurden (Kapitel 1, Abschnitt c): Es handelt sich dabei um aus der Finanztheorie in die Finanzmarktpraxis übernommene Modellierungen des Handel(n)s der Marktteilnehmer. Diese können rein statistischer Natur sein, d.h. Prognosen auf der Grundlage mathematischer Verlaufsmodelle erstellen (technische oder Chart-Analyse). Es gibt sie aber auch in (sozial-)psychologischen Ausprägungen, etwa in Gestalt der verhaltenspsychologischen Finanzforschung (*Behavioral Finance*), zu der auch die so genannte Momentum- und die Sentimentanalyse gehören, welche partikulare Trends bzw. allgemeine Stimmungslagen einzuschätzen versuchen (vgl. auch Fenton-O'Greevy 2005: 54-72). Kurzum: während die langfristige Perspektive auf Finanzmärkte mit einer bestimmten theoretischen Anschauung einhergeht bzw. in den Interviews assoziiert wird, ist dies bei der kurzfristigen Perspektive nicht der Fall. Sie kann sich auf verschiedene Instrumente höchst unterschiedlicher theoretischer Provenienz stützen. Dies zeigt die folgende Sequenz mit einem in der Fondsgesellschaft einer deutschen Universalbank beschäftigen Fondsmanager (F), der nach seiner Haltung zu kurzfristig operierenden Analyseinstrumenten gefragt wurde:

F: kh – ich sa ma – sa ma es gibt sicherlich auch ma ich mein für die einen sach ma auch – äh gibt s immer ganz unterschiedlische – sa ma Produkte und äh

I: ja

F: Anlageklassen ja? Hh also isch mein – so lange ich bei mir so im Small Mid Cap Bereich – mach zum einen ganz klar Fundamentalanalyse aber nichts desto trotz – hh schaut man sich natürlich schon auch – auch zumindest hat man s im Hinterkopf auch Stimmungsindikatoren – hh

I: ja - mhm

F: ja halt auch technische Analyse – kuckt sich det auch an wenn man jetzt sacht sacht ok ich will jetzt finde das Unternehmen jetz gut – hh guckt man sich auch natürlich schon mal n Chart an und ok wie sieht n eigentlich dieser Chart aus ja? Is der eiglisch jetz so dass man sacht – hh – äh Hände weg oder is eher sacht oh: - würde – vielleicht meine Kaufentscheidung auch unterstützen ja? – Oder wenn jetzt – sa ma jetz n k- kukurz ich n Chart vom Markt oder wie der Markt halt fällt dann hat man vielleischt och n bisserl mehr Kasse einfach ja? – Also s: nutzt man schon mit aber – hh es is eher über n Rand würd isch ma gesehn – sa ma – vielleischt stolper ich irgendwo – hh – sa ma ich stolper vielleicht die letzten zehn zwanzisch Prozent vom Fonds über über so ne über so ne Methoden aber nisch dass de- die die die Mehrheit des Fonds neh? So die Mehrheit des Fonds is halt einfach aus – hh ähm: - aus Ma- also aus aus Einzelwertüberlegungen

I: ja

F: getragen und nisch was jetz der Markt macht da.

Der Ausdruck „Markt" wird in dieser Sequenz verwandt, um eine Analyseorientierung zu kennzeichnen, die der fundamentalen entgegen gesetzt ist: während die fundamentale Analyse von „small und mid cap-Werten" – d.h. von Aktien kleinerer und mittelgroßer Unternehmen – auf Geschäftszahlen und wirtschaftlichen Daten beruht, steht der Begriff „Markt" für eine Analysestrategie, die die Reflexivität der Finanzmärkte mit einbezieht, wenn sie auch insgesamt auf die fundamentale Analyse realwirtschaftlicher Einzelwerte setzt. Die kurzfristigen Instrumente zielen somit darauf ab, die Reflexivität, die mit dem Begriff „Markt" bedacht wird, beherrschbar zu machen, stellen aber nicht die prinzipielle fundamentale Orientierung in Frage, sondern dienen im Gegenteil dazu, der fundamentalen Analysestrategie gewissermaßen unter die Arme zu greifen. Eine andere Fondsmanagerin (G) drückt es so aus:

G: ich mein Psychologie des Marktes ähm – zeichnet sich ja irgendwo – in der technischen – äh – in in Charts und Volumina und so weiter auch ab das is ja – ein Teil dann diese die die ähm – technische Analyse auch mit hinzuzuziehen – und dann ganz klar überlegt man sich natürlich auch ähm – was erwartet der Markt.

Die Aussagen der beiden RespondentInnen F und G veranschaulichen, dass eine grundsätzlich langfristige Analyse- und Anlagestrategie nicht unbedingt mit dem Einsatz kurzfristiger Instrumente kollidiert: es ist offenbar möglich, diese von Zeit zu Zeit einzusetzen, ohne dass dadurch die Systematik und die theoretische Fundierung fundamentaler Analysemethoden und Anlagestrategien in Frage gestellt würde. Aus den Aussagen geht ebenfalls hervor, dass jene kurzfristigen Instrumente dazu eingesetzt werden, den „Markt" in Betracht zu ziehen. Auf diese Weise wird die Pluralität der kurzfristigen Methoden und Instrumente von den RespondentInnen dann doch auf einen gemeinsamen begrifflichen Nenner gebracht: den des „Marktes" oder auch der „Börse", womit die Reflexivität, die Finanzmärkten grundsätzlich eignet (s. Kapitel 1, Abschnitt c), bezeichnet ist. In dieser Hinsicht stehen die zitierten Aussagen mit den Befunden Knorr Cetinas und Brueggers (2000, 2002, 2002a) in Einklang, welche besagen, dass die extrem kurzfristigen Handlungsorientierungen von DevisenhändlerInnen mit der Vorstellung eines Marktes einhergehen, in der sich die Gesamtheit der Erwartungen der Marktteilnehmer in der Repräsentation eines quasi belebten Organismus verdichtet, welcher eigenen Rhythmen und Gesetzen folgt (vgl. die Sequenz bei Knorr Cetina 2005: 47 sowie Kapitel 1, Abschnitt a).

Ein erster Befund lautet somit: Lang- und kurzfristige Handlungsorientierungen, d.h. Analyse- und Anlagestrategien, unterscheiden sich in der Art und Weise, wie sie in Repräsentationen umfassenderer Zusammenhänge eingebunden sind. Fundamentale Analyse- und Anlagestrategien sind, wie man sagen könnte, in eine bestimmte theoretische *Weltanschauung* eingebunden, weil sie als Teil eines größeren gesellschaftlichen Zusammenhangs repräsentiert werden, nämlich der Einbettung der finanzmarktlichen Dynamiken in gesamtwirtschaftliche Entwicklungen und Tendenzen. Es sind, mit Fenton-O'Creevy et al. (2005: 55), Theorien darüber, „how the world works."[20] Im Gegensatz dazu sind kurzfristige Strategien „how to work the world" (ebd.) nicht an eine Weltanschauung rückgebunden, *sondern erzeugen durch ihre Anwendung die Repräsentation einer eigenen Welt*, die mit dem Begriff „Markt" bezeichnet wird und auf die Reflexivität der Finanzmärkte abstellt, wenn auch ohne sie als solche zu benennen.

Das Interviewsample, das in dieser Studie untersucht wird, unterscheidet sich von dem der Studien Knorr Cetinas und Brueggers dadurch, dass die RespondentInnen sowohl langfristige als auch kurzfristige Perspektiven auf die Finanzmärkte artikulieren und dementsprechend sowohl die Rückbindung der Finanzmärkte an unterliegende wirtschaftliche Entwicklungen als auch die Schließung der Marktdynamiken zu einer eigenen „Welt" repräsentiert sind. Gemäß der hier verwendeten Interpretationsmethode ist nun anhand narrativer Sequenzen, die ein Kontrastverhältnis zueinander einnehmen, die Frage zu klären, in welchem Verhältnis diese beiden Repräsentationen des Finanzmarktes zueinander stehen.

Die nächste analysierte Sequenz stammt aus einem Interview mit einem Fondsmanager (Respondent H), der in einer großen Anlagegesellschaft beschäftigt ist, welche zu einer der beiden nichtprivaten Säulen des deutschen Bankensektors gehört. In den Portfolios, die er verwaltet, befinden sich hauptsächlich Aktien. Im Laufe des Interviews bringt er mehrfach (in mindestens 5 von insgesamt 33 Sinneinheiten) seine Schätzung langfristiger Strategien und Horizonte in seinem Anlageverhalten zum Ausdruck, die sich ihm zufolge dadurch auszeichnen, dass sie auf volkswirtschaftliche und betriebswirtschaftliche Daten des fundamentalen Unternehmenswertes zurückgreifen. Seine Überzeugung begründet er mit der finanzmarktprofessionellen Annahme, dass die Finanzmärkte – in seinem Beispiel also der Aktienmarkt – langfristig der realwirtschaftlichen Entwicklung folgen. Das Problem des Verhältnisses zwischen langfristiger und kurzfristiger finanzmarktlicher Logik wird relativ früh in dem Interview angesprochen, also noch bevor die entsprechenden Fragen gestellt worden sind. Beispielsweise antwortet er auf die Frage nach seiner Einschätzung des Einflusses der Massenmedien auf seine Arbeit, indem er sofort die Rede auf die Aktienmärkte selbst bringt: "Sie beeinflusst natürlich - schon. Also wenn ma jetzt auch an - also zur zur <u>Börse</u> kuckt dann sin ist dies - warn die <u>Medien</u> schon - <u>deutlich </u>damit involviert indem sie alles publik gemacht ham." Nach dieser Aneignung der Frage erörtert der Respondent die Rolle der Massenmedien bei der Entstehung der Blase am Aktienmarkt in den späten 1990er Jahren. In ähnlicher Weise kommt der Respondent auf das Thema der Vorgänge an den Aktienmärkten anlässlich der Frage nach der Bedeutung des Kriegs in Irak 2002 bis 2003 zurück. Im Gegensatz zu den meisten RespondentInnen, die auf diese Frage mit Erörterungen zur politischen Bedeutung reagieren, lautet H's Antwort folgendermaßen:

> H: mhm -- ähm -- Insgesamt wenn ma´s betrachtet hat man - sicher mit dem Krieg - wahrscheinlich weniger Probleme gelöst wie - neu geschaffen wurden. Aber die Börsen - sind relativ - kurz denkend oder sie schauen selten viele viele Jahre in - die Zukunft hinaus sondern -hh- es geht eher darum was -hh- was kann im nächsten Quartal oder in den nächsten Wochen daraus passieren wer wer profitiert -hh- und in welcher - welche Szenarien gibt es - welche Auswirkungen - kann es es damit ins insgesamt haben. -hh- Ähm na ja und jetzt ist eher so der Gedanke an den Wiederaufbau welche Firmen sind damit - involviert im Wiederaufbau und welche Aufträge - kommen da für diese Firmen.

> I: mhm. Ham Sie ähm beim Börsengeschehen um diesen Krieg ham Sie da Analogien zum ersten Irakkrieg ähm festgestellt oder getroffen?

> H: Die - die gab es und - würd sagen wenn ma sich die ganzen Informationen ankuckt gab es die in - ähm - die kamen noch früher weil weil jeder diese Parallele so bisschen gezogen hat und hat dann gedacht -hh- sobald der Krieg vorbei ist steigen die Kurse. Und jetzt war´s so -hh- als sich der Krieg dem - Ende - genähert hat sind die Kurse schon gestiegen der Krieg war aber noch nicht vorbei oder so was ja. -hh- So dass man dann - versucht hat aus der Vergangenheit -hh- schon bestimmte Rückschlüsse auf das jetzige Ereignis zu ziehen - und versuchen - dann noch schneller zu sein als andere.

Die Sequenz eröffnet mit einer allgemeinen politischen Einschätzung, deren Bedeutung im Rahmen der Interviewsituation aber sofort abgeschwächt wird, indem zum Thema Börse übergeleitet wird. Die Aktienmärkte werden somit einleitend durch einen Gegensatz zur nachhaltigen politischen Virulenz des Themas als mit einem kurzen Gedächtnis versehen charakterisiert – ebenso „kurz denkend" wie kurzsichtig. Die Bedeutung kurzfristiger Logiken an den Finanzmärkten wird als „insgesamt" groß angesehen, oder besser: vielschichtig, weil sich die kurzfristige Betrachtung in vielen Facetten der Orientierungen der Marktteilnehmer äußert. Das gewählte Beispiel führt dann wieder zum Thema Irak-Krieg zurück, indem es die allgemeine Börsenlogik veranschaulicht, in der es ausschließlich um kurzfristige Gewinnerwartungen an die am Aufbau beteiligten Firmen geht.

Hier hält der Respondent zunächst inne. Es ist zu beachten, dass diese Aussage, mit der es der Repondent ohne die ad hoc-Frage der Interviewerin anscheinend bewenden gelassen hätte, bereits in gewissem Gegensatz zu seinen, im Interview wiederholt geäußerten Ansichten über die Langfristigkeit finanzmarktlicher Entwicklungslogik und den Nutzen langfristiger und fundamental begründeter Analysestrategien steht. Die ad hoc-Frage, die auf die Vergleichbarkeit der beiden bewaffneten Auseinandersetzung in Irak abzielt, wird vom Respondenten wieder in einer Weise angeeignet, die zweifelsfrei deutlich macht, dass es ihm um zunehmende Beschleunigungstendenzen an den Finanzmärkten geht. Sein Argument lautet, dass die historischen Analogisierungen im zweiten Krieg in Irak reflexiv geworden seien, d.h. dass es sich nicht mehr um Orientierung an vergangenen, vergleichbaren Börsenkonstellationen, sondern einzig um Orientierungen an den Vermutungen über die historischen Analogisierungen Anderer gehandelt habe. Dies habe zwei Konsequenzen gehabt: erstens habe sich damit die eingepreiste Zeitspanne in die Zukunft ausgedehnt, und zweitens die Finanz- von der Realwirtsschaft und den politischen Rahmenbedingungen weiter entkoppelt. Respondent H schließt mit einem Kommentar der veränderten Erfolgsbedingungen, die sich durch diese Verschiebungen einstellen: man müsse „noch schneller" als andere zukünftige Entwicklungen in Politik und Realwirtschaft einschätzen, aber insgesamt wird deutlich, dass es in Wahrheit um Spekulationen über die finanzmarktlichen Konsequenzen der Spekulationen Anderer geht. In dem Moment, da die historische Analogie auf die reflexive Ebene gehoben wird, d.h. nicht mehr als solche, sondern nur noch als Gegenstand von Erwartungen über die Erwartungen Anderer sich auf das Börsengeschehen auswirkt, streckt sie die eingepreiste Zeitspanne und entkoppelt schließlich die Entwicklung der Finanz- von der der Realwirtschaft.

Die Erzählfolge der Sequenz repliziert das von Respondent H geschilderte Problem: Die Erzählung beginnt mit der materiellen „Basis" der Finanzwirtschaft (die Unternehmen, die am Wiederaufbau im Irak beteiligt sind) und endet mit der Ablösung der Kurse von dieser Basis durch eine Ausweitung der Zukunftsorientierung der Finanzmärkte, wofür die Reflexivierung von historischen Analogisierungsleistungen in der Mitte der Sequenz ein anschauliches Beispiel liefert. Die Bedeutung dieser in die Erzählfolge hinein verdoppelten Narration über die Finanzmärkte für die Gestalt des Interviews wird evident, wenn man berücksichtigt, dass die Erzählung in einem scharfen Kontrast zur professionellen Orientierung des Respondenten an langfristigen und fundamental geerdeten Entwicklungen steht. Aus Sicht dieser wiederholt geäußerten Überzeugungen erscheint die besprochene Sequenz wie eine Abfolge von immer allgemeiner werdenden Relativierungen: zunächst funktioniert die Börse zwar kurzsichtig, aber immerhin noch in Bezug auf realwirtschaftliche Entwicklungen; dann aber (nach der ad hoc-Frage) wird sogar diese eingeschränkte Bindung an die Realökonomie in Zweifel gezogen, weil klar wird, dass die Bedingung für Anlageerfolg in einem *Absehen* von professionellen und fundamentalen Betrachtungsweisen besteht. Die Sinnstruktur, die sich in der Sequenz entfaltet, kann mit der „Zeitwelt" verglichen werden, die Karin Knorr-Cetina (2005: 39) aus den Aussagen ihrer RespondentInnen rekonstruiert: es handelt sich um die Wahrnehmung, dass die

Dynamik zeitlicher Verläufe an den Finanzmärkten großenteils von den Erwartungen Anderer geprägt sind.

Die analysierte Sequenz kommentiert die allgemeine professionelle Orientierung des Respondenten H und seine Schätzung des Prinzips der langfristigen Markteffizienz. Sie ist eine Erzählfolge, die die intentionale Gestalt des Gesamtinterviews unterläuft, indem sie die fundamentale Grundlage, auf der der Respondent operiert, inhaltlich nach und nach untergräbt. Diese Grundlage wird in der Entfaltung der Sequenz sozusagen in ihrer Anwendbarkeit in Alltagskontexten dekonstruiert und als kontrafaktische Norm ins Residuale abgeschoben. Professionelle Orientierung dient als ein Standpunkt, von dem aus gegenwärtige Entwicklungen an den Finanzmärkten kritisiert werden können, ohne indes der Zielerreichung im Kontext dieser Entwicklungen dienlich sein zu können. Die langfristige Betrachtungsweise bezieht ihren Stellenwert daher aus ihrer Sinn stiftenden Qualität.

Die Unterwanderung langfristiger Orientierungen, die fundamental gerechtfertigt wären, durch kurzfristige Dynamiken an den Finanzmärkten, die einen Beschleunigungsdruck auf das/den eigenen Handel(n) ausübt, ist eine Problemkonstruktion, die das Sample insgesamt charakterisiert. Dies wird an einigen weiteren Beispielen deutlich. Respondent J ist in der Frankfurter Filiale einer ausländischen Privatbank beschäftigt. Er erstellt Analysen von Unternehmensaktien für Zielgruppen außerhalb des eigenen Unternehmens, also etwa potenzielle oder bereits gewonnene Investoren (*sell-side research*) und äußert sich zur Dynamik an der Börse wie folgt:

J: aber ansonsten muss man sagen ist die Börse natürlich geprägt von ähm - immer mehr vom Lemmingverhalten. Es werden äh -

I: Herdenverhalten ja?

J: ja. Herdenverhalten - es äh wird ne gewisse 'n 'n Instrumentum eine Richtung in die ein oder andere äh Richtung aufgebaut und es versuchen alle natürlich auf den Zug zu springen einschließlich der Privaten - aus Gier oder Angst da brauchen die die institutionellen Investoren die müssen natürlich sehen dass sie eine - wenn die Börse grade gut performt dass sie den Zug nich verpassen. Die müssen vielleicht sehr oft - das hört man auch von Kunden - müssen auf eine Entwicklung äh aufspringen obwohl sie sie im Grunde fundamental nich nachvollziehen können. Genau das ham mer jetzt zum Beispiel. Äh wir kriegen jeden Tag schlechtere - Wirtschaftsdaten rein und die Börse - läuft zur Zeit trotzdem ganz gut.

I: ja

J: Und viele Fondsmanager sagen ganz ehrlich sie können's nicht verstehen warum die Börse grade hoch geht aber sie müssen mitziehn. Sonst äh - ham se ein Underperformance die Sie - eigenen Kunden wiederum nich gegenüber erklären können. Das heißt

> also dieses dieses Herdenverhalten nimmt natürlich zu in dem Maße wo die <u>Welt</u> phhh ja
> und die Finanzbranche vernetzt is und das is natürlich heutzutage der <u>Fall</u>. Eine Nach-
> richt geht <u>rum</u> und sie ist innerhalb von zwei Minuten in der gesamten Branche verbrei-
> tet und äh - es gibt kaum noch <u>Wissen</u>svorsprung - das heißt solche Sachen werden so-
> <u>fort</u> verarbeitet und dann muss jeder <u>drauf</u> springen und - - jeder geht dementsprechend
> auch oft in die falsche <u>Rich</u>tung.

Hier wird die kurzfristige Dynamik an der Börse mit neuen Informationstechno-
logien in Verbindung gebracht, womit das Problem der Reflexivität finanzwirtschaftlicher Vorgänge in eine konkrete Erklärung gebracht wird. Die Tatsache,
dass jegliche Information sofort alle Marktteilnehmer erreicht, erlaubt keinen
professionellen Wissensvorsprung mehr und erschwert gleichzeitig ein Handeln,
das durch fundamentale Bewertungsmaßstäbe gerechtfertigt wäre. Zur Kontrastierung erinnere man sich an die Sequenz von Respondentin B (Kapital 2, Abschnitt b), die von der Erreichung eines stetigen Informationsvorsprungs als der
Essenz finanzmarktprofessioneller Leistung spricht. Die sehr gängigen Schlag-
wörter „Gier" und „Angst" werden eingesetzt, um die verdinglichten Hand-
lungszwänge zu charakterisieren, die das Handeln an der Börse kennzeichnen.
Die Unterscheidung zwischen institutionellen und privaten Anlegern ist angesichts dieser Zwänge sekundärer Natur, denn der Effekt bleibt derselbe. Im
Ganzen entsteht das Bild einer verkehrten Welt, in der die sozusagen physikali-
schen Gesetze, wie sie die fundamentale Betrachtung repräsentiert, aufgehoben
sind.

Der Verweis auf die ratlosen FondsmanagerInnen indiziert, dass der Respondent, selbst als Analyst tätig, die Problematik vor allem in Bezug auf Handel(n)
am Markt identifiziert und seine eigene professionelle Existenzberechtigung von
diesen Prozessen zumindest nicht explizit bedroht sieht (was grammatisch dadurch zum Ausdruck kommt, dass er die Problematik im Modus der indirekten
Rede schildert). Dieses Sich-Entziehen-Können charakterisiert auch die folgende
Sequenz aus einem Interview mit einem Aktienanalysten (Respondent K), der in
einem ehemals deutschen, nun internationalen Unternehmen beschäftigt ist:

> I: Ja und äh wie hat denn Ihr Unternehmen darauf reagiert - gab's zum Beispiel Verände-
> rungen von Richtlinien und Vorgaben jetzt für Ihre Arbeit?

> K: mmh sag mal unmittelbar so für meine Arbeit eigentlich nich weil wir so ich sag emal
> äh es im großen und ganzen eigentlich ähm auch vorher so - sag jetzt mal seriös gearbei-
> tet haben. Also wir ham uns da jetzt nix groß vorzuwerfen.

> I: ja

> K: Äh - das hat natürlich jetzt em auch mit dem Ansatz zu tun net nur sozusagen dass
> wir jetzt ähm - brave edle Menschen oder so was <u>sind</u>. Sondern halt wir machen eben
> buy side research und das heißt eben - wir sind nich auf der ä-ä Seite die jetzt da irgend-

wie Ideen generieren äh um damit irgendwie äh Anleger zu Umsätzen zu bewegen. Ne? Also äh wir suchen halt wirklich des wohl verstandene langfristige Interesse des Anlegers - im Auge zu haben - und so und des is - halt was anderes als ma sag ich mal so der sell side research manchmal so vorwirft also - Ökonomen sagen ja sozusagen - sch- aus der - Theorie heraus take the money and run heißt es sozusagen ja? In der Spieltheorie. Also des is sozusagen des gängige sell side research wie ma des in USA ja schon immer so kennen bei den meisten großen Institutionen - des sich aber halt im Laufe der Neunziger Jahre auch äh sehr stark in Europa ausgebreitet hat. Es ist ja folgerecht damit macht ma Geschäft

I: ja

K: und sozusagen und damit wird so ne Strategie adaptiert und irgenwelche moralischen Skrupel die da vielleicht vorhanden sein mögen werden dann nach und nach halt erodiert! So läuft des. Aber - ahm - des war jetzt Gott sei Dank nicht unsere Sache oder so was und von daher warn wir da relativ unberührt.

Der glückliche Zufall („Gott sei Dank"), der den Respondenten vor der zerstörerischen Marktdynamik des Neuen Marktes schützte, hängt einerseits mit seinem Berufsbild zusammen: Als *buyside*-Analyst erstellt er Analysen für das eigene Haus und muss diese Analysen daher nicht als (Teile von) Finanzprodukten betrachten, die an Kunden zu verkaufen wären. Außerdem aber – und dies unterstreicht die Relevanz professioneller Selbstkonzepte wie auch ihrer Abhängigkeit vom Organisationsumfeld – sieht sich der Respondent getragen von einer benevolenten Umwelt sowohl innerhalb seines Unternehmens als auch in Hinsicht auf die Investoren, die – so wird impliziert – ebenfalls einer langfristigen Anlagestrategie folgen und daher Wert auf Fundamentalanalysen legen. Die Prekarität dieser günstigen Umstände wird besonders gegen Ende der Sequenz deutlich, da der Respondent keine ökonomischen Einwände gegen *sellside*-Analyse vorbringen kann, die vor allem der Bewerbung von Finanzprodukten dienen, denn „damit macht ma Geschäft". Das eigene glückliche Schicksal wird auf diese Weise mit einem kollektiven Davonkommen erklärt, das ohne die günstigen, aber kontingenten Umstände, wie sie durch das eigene Unternehmen und den Kundenkreis gesetzt wurden, auch anders hätte ausfallen können. Dies kommt einer Relativierung finanzprofessioneller Wissensbestände gleich.

Insgesamt zeichnet die Kritik an kurzfristigen und fundamental nicht gerechtfertigten Tendenzen am Finanzmarkt ein Bild, das professionelle Selbstkonzepte in ihrer vollen Prekarität angesichts der überwältigenden Kräfte des Marktes zeigt. Es gibt keine professionelle Autorität oder Deutungshoheit an den Finanzmärkten, sondern höchstens glückliche Umstände, die die Rettung des eigenen professionellen Anspruchs angesichts der überwältigenden reflexiven Dynamik des Finanzmarktes möglich machen.

Jedoch ist der Verweis auf schieres Glück nicht die einzige Möglichkeit, im Interviewgespräch professionelle Selbstkonzepte und finanzmarktliche Dynamiken miteinander in Verbindung zu bringen. Eine weitere Beispielsequenz soll verdeutlichen, wie der Anspruch professionellen Handelns an einem durch deutliche Irrationalität und Entkoppeltheit geprägten Finanzmarkt aufrechterhalten werden kann, selbst dann, wenn man dieser Dynamik unmittelbar ausgesetzt ist. Es handelt sich bei diesem Beispiel um Respondent C, dessen Aussagen zur Bedeutung abstrakter Bildung in finanzprofessionellen Berufen oben bereits herangezogen wurden (Kapitel 2, Abschnitt c):

> C: das is meine persönliche – hh – Erfahrung die ich daraus geschlossen hab. Hh – AUS DEM NEUEN MARKT HAB ICH MEIN mein Verhalten geändert? – Hh eigentlich nicht. Weil ähm – ich: – hatte mir damals auch Unternehmen ausgesucht – hh die ich für fundamental attraktiv halte JA:. Auch die haben sich gezehntelt und trotzdem das waren die Werte die sich seit hh – ihrem Tiefpunkt hh – hier mit am stärksten entwickelt haben. Mthä – von daher kann ich von mir selber – behaupten ich hab mein – meine: äh: Aufgabe soweit dass ich die richtigen Unternehmen rausgefiltert habe. – Hh– ähm: dass ich absolut gesehn auch dazu beigetragen habe da- bo- dass ich nich so wertinteressiert gewesen bin. – Hh – dass meine Kunden Wertverlust erlebt haben: is absolut gesehn richtich.Hh – relativ gesehn: - ähm – war ich trotzdem kann ich zu mit selber behaupten war ich nicht schlecht. Hh – weil ich hab immer noch die besseren von den Schlechten rausgesucht. – Und das is auch eine meiner Aufgaben.

Die Sequenz beginnt und endet mit einer Vindizierung professioneller Anlagestrategien, die durchweg als langfristig und fundamental orientiert charakterisiert werden. Das Scheitern in der Phase des Zusammenbruchs des Neuen Marktes wird durch den Respondenten auf eine andere Problematisierungsebene gebracht, indem er die Bewertungsmaßstäbe von Erfolg thematisiert. Demnach sei er trotz des Rückgangs von Kurswerten um 90 Prozent im Vergleich mit anderen KollegInnen immer noch erfolgreich gewesen, weil, wie die Rückschau ergebe, seine Werte seitdem wieder überdurchschnittlich angestiegen seien. Auf diese Weise bewährt sich die fundamentale Strategie der Auswahl von Finanzanlagen auf lange Sicht nicht nur vor eigenen professionellen Ansprüchen, sondern auch vor dem vernünftigen Interesse der Anleger („Aufgabe erfüllt"), wodurch begründet werden kann, warum einer langfristigen und fundamentalen Anlagestrategie stets der Vorzug zu geben ist.

Der interpretativen Logik der vorliegenden Untersuchung zufolge ist nun die Aufmerksamkeit auf Kontrastfälle zu richten, d.h. im hiesigen Interpretationskontext auf solche Aussagen, die die Kurzfristigkeit, Irrationalität und Entkoppeltheit finanzmarktlicher Dynamiken nicht kritisieren, sondern als Normalität oder gar als wünschenswerten Umstand des beruflichen Alltags anerkennen. Hier ist bemerkenswert, dass sich solche Kontrast-„Fälle" teilweise in denselben Interviews finden wie jene Aussagen, die die Kurzfristlogik kritisieren. Ein gutes

Beispiel ist Respondent K, der, wie oben dargestellt, durch eine glückliche Fügung den zerstörerischen Folgen des Zusammenbruchs des Neuen Marktes entkam. Auf die Frage nach seinem Umgang mit der Irrationalität der Finanzmärkte äußert er sich folgendermaßen:

> K: Also ich seh natürlich primär erscht mal - darin immer ne Chance.

> I: ja

> K: Ja? Äh weil - - mir is des klar dass Märkte ja wir Ökonomen sagen: überschießen in eine Richtung und des is für mich Teil der Normalität des is menschliches Verhalten na des war vor tausend Jahren so und des war in der Südsee Bubble so und der Tulpenzwiebelspekulation in Holland oder so was 's kann heut - niemand mehr nachvollziehen was damals passiert is - und so aber - die Grundmuster waren eigentlich sehr sehr ähnlich. Und heute passiert das - im Grunde unverändert nur natürlich mit anderen Möglichkeiten die ma hat

> I: ja

> K: und auf nem andern Informationsniveau - aber dieses andere Informationsniveau gewährleistet noch lange nich dass sozusagen sachgerechtere Entscheidungen getroffen werden. Des sin nämlich zwei Paar Stiefel. Aber ich sehe sozusagen in diesen Übertreibungsphasen immer auch ne große Chance versuche des natürlich auch konstruktiv umzusetzen. - Und da des - ähm - ich würde ma sagen (Anflug lachen) meher mal von den letzten drei Jahren jetzt a- absehen - äh hat des auch relativ gut geklappt also - - für mich war zum Beispiel klar in dieser Zeit dieser Asien Krise - dass es eine riesen Chance sein würde - dort irgend 'n einer Form jetzt da am Aktienmarkt - äh einzukaufen. Und so des kamma jetzt net im Detail begründen aber des is sag mer mal f- für jeden der länger im Geschäft is isses klar. - Dass sozusagen hier -ein Riesenpotential besteht weil hier ne massive Übertreibung nach unten stattfindet - die irgendwann mal ma weiß es nich wann aber die irgenwann mal korrigiert werden wird - ja? So lang 's des jetzt – alle Regeln sozusagen der Vernunft irgendwie außer Kraft gesetzt wird. Und langfristig gelten die schon. Also die Märkte können natürlich sozusagen von der - phh sag ich mal hhhh mmh Welt der - sag ich mal ökonomischen Fakten abweichen aber nicht auf Dauer.

Die Grundstruktur der Sequenz ist in der ersten Äußerung des Respondenten angelegt: es handelt sich dabei um das Austragen einer Spannung zwischen professionellen Normen der Langfristigkeit, die sich auf abstrakten Wissensbeständen gründen, und kurzfristigen ökonomischen Opportunitäten, die eher mit beruflicher Erfahrung in Zusammenhang gebracht werden. Das „Überschießen" verweist indirekt auf die fundamentale Orientierung als professionelle Norm („wir Ökonomen sagen"), wird aber gleichzeitig als anthropologisch begründete Konstante charakterisiert, für die zahlreiche historische Analogisierungen aus der Börsengeschichte-als-Menschheitsgeschichte gefunden werden können.[21] Die Metapher des „Überschießens" zeichnet das Bild einer pendelartigen Bewegung der Finanzmärkte um eine langfristig rationale und die Realwirtschaft effizient abbildende Sollzahl herum. Sieht man einmal von dem Zusammenbruch des Neuen Marktes ab, den der Respondent K bereits in der weiter oben besprochenen Sequenz ansprach, kann diese irrationale Dynamik im Handel genutzt werden. Dieser Nutzen – an diesem Punkt erreicht die Entgegensetzung zwischen langfristig-professionell und kurzfristig-opportun ihren Höhepunkt – lässt sich aber nicht professionell erklären, sondern bietet sich als Gelegenheit nur auf der Grundlage von Erfahrungswissen: „des kamma jetzt net im Detail begründen aber des is sag mer mal f- für jeden der länger im Geschäft is isses klar". Damit ist aber wieder die Prekarität eines solchen Handel(n)s angesprochen: der Erfolg, der sich im Großen und Ganzen eingestellt („relativ gut geklappt"), ist im Grunde nicht routinisierbar oder institutionalisierbar, denn er hängt von Wissensbeständen ab, die sich der Systematisierung sperren, weil sie nur als individuelle Erfahrung repräsentierbar sind. Insgesamt verweist die Sequenz auf die stets prekäre Balance zwischen professionell, d.h. betriebswirtschaftlich und makroökonomisch prognostizierbaren Entwicklungen an den Finanzmärkten und kurzfristigen, nicht an die Realwirtschaft gekoppelten Abweichungen, aus denen aber gerade Profit erzielt werden kann. Die Ambiguität äußert sich darin, dass der Respondent kein eindeutiges Votum zugunsten einer der beiden Sichtweisen abgibt. Auf der anderen Seite erlaubt diese unaufgelöste Spannung dem Respondenten, kurzfristige Strategien zu würdigen, ohne dadurch langfristig geltende ökonomische Gesetze, und mit ihnen das professionelle Selbstkonzept, in Frage zu stellen. Die Sinnstruktur dieser Sequenz lässt sich also insofern mit der zuvor besprochenen aus dem Interview mit Respondent C vergleichen, als das professionelle Selbstkonzept, das sich aus dem Konzept der langfristigen Marktrationalität speist, gewissermaßen gerettet wird: in der ersten Sequenz durch ein Davonkommen vor den Folgen des Zusammenbruchs des Neuen Marktes, in der zweiten durch eine Ambiguität in der Bewertung professionellen und opportunen Handel(n)s.

Man kann auf der Grundlage dieses Beispiels zu dem Schluss gelangen, dass sich das Selbstkonzept der Professionalität durchaus mit kurzfristigem Handel(n) „verträgt". Kurzfristig opportunes Handeln, das auf Wissen beruht, welches nicht systematisierbar und tradierbar ist, kann sozusagen innerhalb einer langfristigen und professionellen Perspektive betrieben werden. Die Idee des „Überschießens" *eigentlich* rationaler Märkte, die in ihrer Logik der Idee des „Seitensprungs" des *eigentlich* treuen Partners nahe kommt, ist ein typisches Beispiel für eine semantische Operation, die ein Nebeneinander von kurzfristiger und langfristiger Logik ermöglicht.

Das interpretative Kontrastierungsverfahren enthüllt also bislang eine *Kompromittierung* der Kritik kurzfristiger Irrationalitäten an den Finanzmärkten, weil in den Interviews einiger der RespondentInnen, die diese Kritik artikulieren, gleichzeitig semantische Verfahren am Werke sind, die kurzfristige Irrationalitäten und entsprechende Handlungsstrategien in langfristige und professionell verantwortbare Entwicklungsaussagen einbetten. Ein weiteres Beispiel für solche semantischen Verfahren der sinnhaften Einbettung kurzfristiger in langfristige Finanzmarktlogiken stellt Respondent L dar, der im Portfoliomanagement der Anlage-Tochtergesellschaft einer exklusiven Privatbank arbeitet. Im Kontext der mehrfach geäußerten fundamentalen Überzeugung des Respondenten, zu der der Bericht über zeitweilige kurzfristige Anlagestrategien in einem Widerspruch zu stehen scheint, interveniert die Interviewerin mit dem Einwurf „also doch irrational", worauf der Respondent entgegnet:

> L: Ich: würde das nich als irrational

> I: Neh?

> L: bezeichnen weil: sie hamn ja: - thh – ähm: - unter Umständen: - das is immer so: - hh äh: dass die Menschen das gerne: äh vergleichen weiss ich nicht von der Ist und von der zukünftigen Situation äh: wenn man sich da: sehr stark unterscheidet. – Mtz und das is natürlich schon so dass an der Börse natürlich Fantasien auch gehandelt werden

> I: mhm – ok

> L: hh – dabei muss man sich im Klaren sein. – Hh und: wobei ich das eben nich als irrational bezeichnen würde denn es gibt sehr wohl die Möglichkeit auch für die Unternehmen – hh äh: - - äh: ä sehr sch: äh: - sehr sch: positiv und das is natürlich auch das interessanteste ein niedriges – b- oder schlecht bewertetes – Unternehmen – hh ähm: - zu investiern.

Die Irrationalitäten der Börse, insbesondere der Handel mit Fantasien, stellt hier die grundsätzlich fundamentale Orientierung nicht in Frage, weil sie lediglich als besondere Gelegenheiten zum Kauf von Titeln, die durch die fundamentale Betrachtungsweise ohnehin schon als attraktiv identifiziert wurden, aufgefasst werden. Es geht also um ein punktuelles Ausnutzen oder Mitnehmen von Gelegenheiten, die sich aber nicht als essenziell zur nachhaltigen Sicherung finanzwirtschaftlichen Erfolgs darstellen. Dies entspricht weitgehend der von Respondentin B geäußerten Ansicht, dass auf kurzfristige Börsenausschläge abzielende Finanzinstrumente den langfristigen Ansatz nicht wirklich in Frage stellen (Kapitel 2, Abschnitt b).

Die bisherigen Ergebnisse zusammen fassend kann man sagen, dass es drei Argumentationsmuster gibt, die es erlauben, professionelle Selbstkonzepte und Überzeugungen aus der beobachteten kurzfristigen und irrationalen Dynamik der Börse gleichsam zu bergen: entweder man ist aus kontingenten Gründen von den zerstörerischen und deprofessionalisierenden Auswirkungen kurzfristiger Marktlogik ausgenommen gewesen; oder die langfristige Betrachtungsweise wird als langfristig effektiver herausgestellt; oder kurzfristiges Handeln wird als Teil langfristiger und rationaler Anlagestrategien gerahmt. Diese Argumente finden sich unabhängig davon, ob die jeweiligen RespondentInnen die kurzfristige Irrationalität an den Finanzmärkten explizit kritisieren oder nicht.

Eine weitere Möglichkeit, kurzfristiges Handeln in ein professionelles Selbstkonzept einzubeziehen, ohne dieses dadurch zu gefährden, stellt eine Steigerung dieser Vermittlungsversuche zwischen kurzfristiger und langfristiger Betrachtungsweise dar und besteht darin, solches Handeln als Teil einer Ausgleichs- oder Korrekturbewegung der Börse erscheinen zu lassen und damit in eine umfassendere Rationalität einzugliedern. Das nächste Beispiel veranschaulicht diese semantische Operation. Respondent M, der im Portfoliomanagment einer nach Fusion internationalen, ehemals deutschen Bank in leitender Position tätig ist, hat in einer explizierenden Sequenz gegenüber der Interviewerin die Börse als eine Gegenwelt charakterisiert: „Aktien wenn sie billig sind sind sie teuer – hh und wenn sie – jahhh – teurer sind dann sind sie phh – im Endeffekt wieder günstig zu kaufen." Damit meint er, dass Aktien den meisten Investoren dann besonders attraktiv erschienen, wenn sie auch für andere attraktiv seien, was sich in einem hohen Kurswert äußere. Auf die sich daran anschließende Frage nach seiner Umgangsweise mit dieser Problematik erklärt der Respondent:

> M: Ich muss versuchen die Irrationalität auszunutzen - so dass die Märkte wieder rational werden. – - hh als institutioneller Investor
>
> I: ja
>
> M: hab ich natürlich immer noch ähm - - die – Gefahr irrational zu agieren weil ich auch n hhh ja - ein Mensch bin. Ein Mensch der irrational an der Börse handelt. Jetzt habe ich als Investor natürlich ander- hhh als institutionelle In- Investor andere Möglichkeiten ich bin tiefer in den Unternehmen hhh und ich verstehe von den Unternehmen mehr hh als ein ein Privatinvestor. Das heißt ich versuche natürlich diese Irrationalitäten - für mich beziehungsweise für – für die Fonds und dadurch für die Anleger auszunutzen hhh und das hat dann wiederum hh- n gewissen stabilisierenden
>
> I: ja
>
> M: Charakter für für die – komplette Börse

Hier wird das professionelle Selbstkonzept, geradezu offensiv, auf die Problematik systemischer Irrationalitäten und Ineffizienzen der Börse bezogen mit dem Resultat, dass deren kurzfristige und nicht fundamental begründete, erratische Bewegungen wieder auf ein angemessenes Maß reduziert werden. Unter dieser Prämisse, dass die professionelle, d.h. mit fundamentaler Kenntnis unterfütterte Ausnutzung von Irrationalitäten – die in ihrer Handlungskonstellation eigentlich der Arbitrage gleicht (vgl. Kapitel 1, Abschnitt a) – zur Rationalisierung der Kurswerte führt, wird kurzfristiges Handeln aus professioneller Sicht geradezu erforderlich und ethisch begründbar.

Diese Beispiele aus den Interviews lassen sich zu einer idealtypischen Deutungs-
struktur verallgemeinern: die logische Konfrontation von professionellen Selbstkonzepten, die sich auf die Annahme langfristig rationaler und effizienter Märkte
beziehen, mit kurzfristigen und „irrationalen" Handlungsweisen kann auf vielfäl-
tige Weise entschärft werden. Es muss daher gefragt werden, welcher systematische Zusammenhang zwischen Vorstellungen „how the world works" und Strategien „how to work the world" (Fenton-O'Creevy et al. 2005: 55) besteht und
welchen sozialen Sinn dieser Zusammenhang hat. Abschließend soll eines der
seltenen Beispiele besprochen werden, in denen eine Finanzmarktprofessionelle
vollkommen unumwunden die Finanzmärkte als irrational bezeichnet und deren
Logik auch nicht in eine irgendwie umfassendere Langfristordnung eingliedert.
Es handelt sich dabei um die bereits eingeführte Respondentin E, die von der
Beeinträchtigung der Vertrauensbeziehung zwischen Professionellen und Klien-
tInnen berichtet und diese Vertrauenskrise auf die überzogene Erwartung der
KlientInnen nach garantierten Gewinnen zurückgeführt hatte (vgl. Kapitel 2,
Abschnitt c). In diesem Zusammenhang sei daran erinnert, dass das Modell einer
professionellen Beziehung, das die Respondentin E nach eigenem Bekunden
Klienten unterbreitet hatte, im Kern darin bestand, dass die grundsätzliche Unsicherheit an den Finanzmärkten von beiden Seiten anerkannt wird, d.h. dass der
Klient der Professionellen vertraut, obwohl diese selbst nicht wissen kann, wie
sich die Kurse entwickeln werden. Dieses Nicht-Wissen-Können – im Sinne der
Unmöglichkeit, die zukünftigen Entwicklungen aus abstrakten Marktgesetzen
abzuleiten – wird in der folgenden Sequenz zum Anlass genommen, um ein rea-
listisches, nüchternes, in gewissem Sinne abgeklärtes berufliches Selbstverständnis zu entwickeln, das sich um die Börse als Zentralelement herumgruppiert:

> E: Aber in dem Moment wo Sie kaufen – haben Sie entweder das Verlustrisiko Sie sehen
> s ja wenn die Aktie fällt – sehn Sie so-fort – hier die Verluste. Hh – ganz extrem sehn Sie
> s wenn Sie Future handeln ja? Future da handeln Sie immer komplett den Markt -hh – da
> – so-fort hier der Markt macht einen Tick nach oben na- Tick nach unten Sie sehn hier
> die Verluste oder die Gewinne. – Hhfm – das is ähm: - immer Schwarz auf Weiß und
> damit müssen halt leben können also s – Sie kriegen also permanent immer m – - IN
> SEKUNDEN-TEMPO GESAGT ob sie gut sin oder schlecht also – man darf eigent-
> lich nicht – hh darf es der Börse nich übel nehmen oder so was man darf also nicht – zu
> viel Ehrgeiz entwickeln
>
> I: ja ja – mhm
>
> E: sonst verzweifelt man da dran. Hhf – mtz also man muss mer sich sagen ABER ICH
> BIN DAVON ÜBERZEUGT längerfristig hab hab ich Recht. Oder so ja? Hh aber let-
> zendlich hat - - gilt halt trotzdem die Weisheit: die Börse hat immer Recht. – Egal – wie
> falsch sie reagiert a-gal wie falsch die Masse reagiert deshalb is die Psychologie: eigentlich
> ganz interessant Sie müssen eigentlich versuchen rauszukriegen – hh WIE REAGIERT
> DIE MASSE? Hh nicht ich! Ich muss eigentlich ähm: mir sagen och ja. – Hä hä – nach

MEINER MEINUNG NACH müsste das so un so gehn hh: - aber: wenn die Masse anders reagiert – hh dann muss ich das erkennen.

Als Kontrastfall, und auch als Ausnahmefall, unterscheidet sich diese Sequenz von den meisten, in den bisherigen Abschnitten besprochenen in folgenden Punkten und weist letzteren dadurch zusätzliche Bedeutung zu. Erstens erwähnt die Respondentin zwar kurzfristige Leistungsbeurteilungen, bringt diese aber nicht mit der eigenen Organisation oder einer gierigen Kundschaft in Zusammenhang, sondern führt sie auf die Charakteristika von Handel(n) am Finanzmarkt zurück. Die Sofortigkeit, mit der Konsequenzen des eigenen Handelns sichtbar werden, wird als ein Merkmal professionellen Handel(n)s an der Börse definiert, das man der Börse „nicht übel nehmen" könne. Derselben Logik folgt die Relativierung langfristiger Erwägungen, die von der „einfachen Weisheit: die Börse hat immer recht" in Zweifel gezogen wird. Die Respondentin bestreitet somit, dass es ein systematisierbares Wissen von den Finanzmärkten unabhängig von deren eigener Operationsweise geben könne, und veranschaulicht damit für die vorliegende Analyse noch einmal den zentralen Stellenwert, die der Möglichkeit eines solchen Wissens in den meisten Interviews zuteil wird.

Schließlich kann in heuristischer Absicht das „die Masse! nicht ich!" der Respondentin, das die fundamentale Zurückweisung der Möglichkeit von individuierter Subjektivität an den Finanzmärkten ultimativ auf den Punkt bringt, mit den narrativen Subjektivierungen kontrastiert werden, die in den meisten anderen Interviews aus dem Sample in der Erzählung über die eigene professionelle Tätigkeit, das abstrakte Wissen und die Beziehung zu den Klienten sich entfalten. Es scheint, dass die Bergung professioneller Selbstkonzepte, die mit der Annahme der Langfristigkeit und Rationalität finanzmarktlicher Dynamiken in Zusammenhang stehen, in den Interviews mit Subjektivierungsleistungen einhergeht, die die bedrohliche, kurzfristige, irrationale Dynamik und Volatilität der Börsen und Finanzmärkte gleichsam in die langfristige Anschauung einverleiben.

e) Die Repräsentation von Reflexivität in der „Irrationalität" kurzfristiger Marktlogik

Es geht nun darum zusammenzutragen, in welcher systematischen Beziehung die drei Aspekte professioneller Kritik – an der eigenen Organisation, an den Klienten und am „Markt" – zueinander stehen. Dies ist deswegen von Belang, weil sich in der kulturellen Distanz zwischen wirtschaftlichen Handlungsorientierungen und gesellschaftlich institutionalisierten Normen, die sich in der Kritik Professioneller manifestiert, der sinnhafte Zusammenhang zwischen Finanzwirtschaft und Gesellschaft zeigt: einerseits wird durch solche Kritik wirtschaftliches Handeln an gesellschaftlich institutionalisierte Normen zurückgebunden und andererseits diese Normen in den Praxen der alltäglichen Berufslebensführung unter Stress gesetzt.

Einen ersten Blick auf diese Systematik erhält man, wenn man die drei Bezugspunkte professioneller Kritik mit den verschiedenen Logiken der Zurechenbarkeit und Erzeugung sozialer Kontrolle analogisiert, die von Talcott Parsons (1978 [1969]: 37-39) unterschieden werden. Innerhalb Parsons' Theoriegebäude sind diese Mechanismen funktional auf die Erzeugung von „responsibility" bezogen, genauer „responsibility to promote or at least do no harm to the values and welfare of the societal system, and the various classes of its members." (Parsons 1978 [1969]: 37) In modernen Gesellschaften sind Parsons zufolge folgende Mechanismen, die diese Verantwortlichkeit über die Zurechnung von Handlungen und ihren Konsequenzen auf „zuständige" Akteure und Organisationen bewerkstelligen, zu unterscheiden. *Marktförmige* Zurechnungsformen funktionieren durch das Kalkül des Akteurs, der aus Eigeninteresse die Verantwortung für die Konsequenzen seiner Handlungen übernimmt, um sich als Transaktionspartner attraktiv zu machen. Damit verbunden sind *legale* Rahmungen, die Zurechenbarkeit über Zuschreibung erzeugen und auf diese Weise Markthandeln erst ermöglichen, weil sie die ihm eigene Komplexität reduzieren. *Kollektive* Kontrolle entspricht sozialer Normierung und findet ihren paradigmatischen Ort in Behörden und generell in Organisationen. *Öffentliche* Kontrollformen sind in Massenmedien repräsentiert. Schließlich nennt Parsons *professionelle* Formen der Kontrolle, welche ihm zufolge in besonderem Maße funktional auf die Integrationserfordernisse moderner Gesellschaften zugeschnitten sind, weil sie die Implementierung fachspezifischer Kompetenz nicht an eine allgemeine und deswegen fachlich zwangsläufig inkompetente Kontrollinstanz binden. Damit ist die Kontrollfunktion von Professionen definiert als eine „institutionalized responsibility of a fiduciary sort":

> Such a group is defined by qualifications for membership that combine functions in and on behalf of the society with levels of technical competence to perform them which require grounding in some phase of the general intellectual tradition. [...] Thus, the ultimate responsibility for standards both of competence and of integrity must rest with the professional complex itself. (Parsons 1978 [1969]: 39)

Da sich soziale Kontrolle über Praxen der Zurechnung von Verantwortung konstituiert, unterscheidet sich die in der professionellen Beziehung zwischen Experten und Klienten zum Zuge kommende Kontrolle fundamental von der des Marktes wie auch von der der administrativen Autorität, weil sie weder durch Eigeninteresse noch durch direkten Zwang, sondern ethisch begründet ist (Parsons 1978 [1969]: 58). Anders gesagt: im „professionellen Komplex" erweisen sich Formen sozialer Kontrolle nicht als Disziplinierung und Etablierung von Herrschaft, sondern als *Rationalisierung* sozialer Beziehungen kraft der Implementierung wissenschaftlich ausdifferenzierten Wissens. In der professionellen Beziehung zwischen Experten und Klienten verwirklicht sich in fallspezifischer Weise die kognitive Rationalität, die laut Parsons zum kulturellen Kernbestand moderner Gesellschaften gehört, und ermöglicht eine an rationalisierte Prinzipien rückgebundene Lösung spezifischer Probleme der Klienten (vgl. Kapitel 2, Abschnitt b). In Parsons' Arbeiten zur professionellen Beziehung verbinden sich somit die funktionalistischen, auf Durkheim zurück gehenden Grundfragen der soziologischen Gesellschaftstheorie mit der Weberschen Frage nach der Spezifik des historisch westlichen Modernisierungsprozesses: im professionellen Handeln findet ein Überspringen kultureller Rationalisierung auf die Ebene der sozialen Beziehung statt. So manifestieren sich individuell verwirklichte Rationalisierungen gesellschaftlicher Problemlösungsstrategien, was die Integration hochdifferenzierter und posttraditionaler Gesellschaften ermöglicht, denen eine *conscience collective*-Option nicht zur Verfügung steht.

Vor dem Hintergrund dieser grundsätzlichen Unterscheidung zwischen professionellen und nichtprofessionellen Formen sozialer Kontrolle zum Zwecke gesellschaftlicher Integration lassen sich die Ergebnisse der Interviewanalyse der vorangehenden Abschnitte neu interpretieren. Während Parsons davon ausging, dass die *professionelle* Form der treuhänderischen Selbstkontrolle den anderen Formen sozialer Kontrolle überlegen sei, weil sie die funktionale Antwort auf die pluralistische Ordnung moderner Gesellschaften darstellt, zeigt sich in den Interviews eine alternative, *empirische* Interpretation, nämlich dass marktliche Formen sozialer Kontrolle auf Kosten professioneller und organisationalautoritativer zunehmen.[22]

Dies äußert sich vor allem in den angesprochenen Deutungen der Finanzprofessionellen, die ihr professionelles Handeln sowohl durch die eigene Organisation als auch durch die Klienten bedroht sehen. Dabei fungiert in den Interviews die Vorstellung einer kurzfristigen, irrationalen *temporalen Orientierung* von Erfolgserwartungen, Anlagestrategien und Praxen der Leistungsbeurteilung durch Klienten und Organisation als eine Deutungsfigur, mittels derer der Einfall einer marktförmigen Kontrolllogik in den beruflichen Alltag zur Darstellung gelangt. Die Finanzmärkte sind gemäß dieser Figur nur soweit kurzfristig und irrational, als es Klienten und Organisationen zulassen. Die marktförmige, kurzfristige Kontrolllogik ist den RespondentInnen zufolge durch die Erwartungen von Klienten und Unternehmen institutionalisiert und schließt die Finanzmärkte in der Folge zu einer eigenen, irrationalen Gesetzen unterworfenen Gegen-Welt ab. Darin unterscheidet sich die Repräsentationslogik der irrationalen Temporalitätsordnung, wie sie sich in den Interviews darstellt, von der Behauptung der Langfristlogik der Finanzmärkte in denselben Interviews: während letztere in eine weltanschauliche Verbindung von Markt und Gesellschaft eingelassen ist, entsteigt erstere als eigene Welt gleichsam den Praktiken des Handel(n)s. Während also langfristige Markt-Zeit repräsentational in eine Welt eingebunden ist und auf diese bezogen bleibt, konstituiert kurzfristige Markt-Zeit als Interpretament ihre eigene Welt – wie gesagt, unter der Voraussetzung, dass Klienten und Organisationen dies zulassen oder befördern.

Es gibt also einen inneren Zusammenhang der drei Kritiken der Professionellen an ihren eigenen Unternehmen, die kurzfristige Handlungsorientierungen befördern, an ihren Klienten, die kurzfristige und irrationale Erwartungen unterhalten, und am Finanzmarkt selbst, der als Folge dieser Entwicklung immer schnelllebiger wird und gleichsam abhebt. Im Kern richten sich diese Kritiken auf die inwändige Schließung des Marktes auf sich selbst und konstruieren eine finanzmarktliche Gegen-Welt, die als Inkarnation schierer Reflexivität von Tauschakten unter Unsicherheit gekennzeichnet wird.

In dieser Konstruktion einer Finanzmarkt-Gegenwelt erkennt man eine Repräsentation struktureller Reflexivität im Sinne Anthony Giddens'. Oben wurde dargelegt, dass Giddens' zufolge „radikale Politik" in reflexiv-modernen Gesellschaften darin besteht, strukturelle Reflexivität – d.h. das zunehmend in Echtzeit ablaufende Auseinandertreten von Handlungsintentionen und Handlungsfolgen – auf kulturellem Gebiet einzuholen, weswegen es in Giddens' Projekt als gesellschaftstheoretisch-diagnostischem um die Repräsentation von Reflexivität geht (s. Kapitel 1, Abschnitt e). Die analysierten Interviewsequenzen nun bilden empirische Bearbeitungsformen struktureller Reflexivität – sie formulieren, wenn man so will, Alltagstheorien der reflexiven Modernisierung. Das Prinzip der Reflexivität, das laut Giddens die zentrale Herausforderungslage der kulturellen Integration hochdifferenzierter Gesellschaften bezeichnet, wird durch seine „Vergegenwärtigung" an den Finanzmärkten auf die Ebene seines Begriffs gebracht, d.h. *als Welt* repräsentiert: eine Welt, die als Folge von Handelspraxen erscheint, welche durch eine „Vermarktlichung" *innerhalb* der Finanzökonomie begünstigt, wenn nicht erzwungen werden. Das Prinzip der kurzfristigen, irrationalen Marktlogik untergräbt andere, in der reflexiven Moderne nicht mehr länger selbstexplikative Mechanismen der Handlungskoordination, nämlich die der Organisation und die der Professionalität.

Die Sicht der Professionellen auf die Klienten, die Organisationen und die Finanzmärkte stellt ein empirisches Korrelat zu der Theorie der reflexiven Moderne dar. Sie artikuliert die Repräsentation der Folgen struktureller Reflexivität in einer sozialen Sphäre, die auch von Giddens als wichtiger Schauplatz der Reflexivierung moderner Formen gesellschaftlicher Integration angesehen wird, nämlich im Verhältnis zwischen Experten und Laien (Giddens 1994a: 84-89): Während gemäß der Logik der Theorie der reflexiven Modernisierung Vertrauen in die Experten-Klient-Beziehung nicht mehr einfach vorausgesetzt werden kann, sondern immer von einem Vertrauensentzug durch den Klienten bedroht ist, weil diesem die Relativität von Expertenwissen zur Anschauung gelangt ist, beschreiben die RespondentInnen aus ihrem Blickwinkel die Folgen eines solchen

Vertrauensentzugs und der Delegitimierung professioneller Autorität. Und diese stellt sich nicht als eine *allgemeine* Konsequenz reflexiver Modernisierung dar, sondern als eine *spezifische*, die aus ebenso spezifischen Repräsentationen von Reflexivität erwächst: als das Ergebnis konkreter Prozesse der kurzfristigen, irrationalen Vermarktlichung der sozialen Einbettung von Professionellen in Organisationen und Beziehungen zu Klienten.

Es folgt eine Zusammenfassung. Erstens: die Repräsentation einer Kluft zwischen wirtschaftspraktischen Orientierungen und gesellschaftlich institutionalisierten Normen, in der sich die Kritik des Marktes vollzieht, wird durch eine Bezugnahme auf professionelle Maßstäbe finanzmarktlichen Handelns erzeugt. Diese Maßstäbe erscheinen den meisten RespondentInnen durch eine innerfinanzökonomische Marktradikalisierung in Gestalt der Einebnung organisationaler und professioneller Bezüge der beruflichen Tätigkeit gefährdet. Zweitens: die Deutungsfigur einer kurzfristigen, irrationalen, eine eigene Welt hervorbringenden temporalen Ordnung der Finanzmärkte dient zur Bezeichnung der Zielscheibe dieser Kritik. Drittens: diese Kritik kann als eine empirische Manifestation der Repräsentation struktureller Reflexivität im Giddensschen Sinne angesehen werden, die diese in der Tat auf kulturellem Gebiet einholt, d.h. einen Modus ihrer sozialen Artikulation bildet. Als empirische identifiziert sie nicht allgemeine gesellschaftliche Tendenzen, sondern besondere Akteure und soziale Konstellationen. Die Repräsentation finanzmarktlicher Reflexivität bezieht sich auf konkrete Akteure und deren Orientierungen, die für die Delegitimierung finanzprofessionellen Handelns verantwortlich gemacht werden, nämlich die Banken als Arbeitgeber und die Klienten. Das bedeutet, dass die Gegen-Welt des kurzfristigen Marktes in den Interviews nicht als selbsterzeugend repräsentiert, sondern als von Interessen und Irrationalität dominiert angesehen wird. Insofern bezeichnet diese Repräsentation von Reflexivität nur selten die Normalität des Finanzmarktes: die zur Echtzeit-Reflexivität gesteigerte Rekursivität der Finanzmärkte wird in den analysierten Interviews durchaus nicht als Normalfall, sondern als Abweichung von einer Norm veranschaulicht. Diejenigen RespondentInnen, die, in Übereinstimmung mit den Resultaten Knorr Cetinas und Brueggers (s. Knorr Cetina 2005; Knorr Cetina/Bruegger 2002), diese Reflexivität der Finanzmärkte als Normalfall ansehen, sind im Interviewsample zahlenmäßig denjenigen unterlegen, die an der weltanschaulichen Langfristrationalität als Normalität festhalten. Obwohl daher die Reflexivität der Finanzmärkte in der Kritik ihrer Kurzfristigkeit repräsentiert ist, wird dieser Diskurs doch gleichzeitig in Richtung auf konkrete Verursacher (Banken und Klienten) hin umgelenkt, weswegen kurzfristige, irrationale Orientierungen und Dynamiken an den Finanzmärkten als Abweichung, Ausnahme und normativ bedenklich – eben als Gegen-Welt – erscheinen.

Allerdings ist die Unterscheidung von langfristig rationalen und kurzfristig irrationalen Dynamiken in den Interviews keine klare, entschiedene Dichotomie. Das Festhalten an einer langfristigen Markt-Zeit als Norm bei gleichzeitiger Kritik an derzeitig vorherrschenden kurzfristigen und irrationalen Erfolgserwartungen der AnlegerInnen und Banken ist in Ambiguitäten bezüglich des Verhältnisses zwischen Lang- und Kurzfristlogik an der Börse eingebettet. Auf der einen Seite wird das Erfordernis formuliert, „vor dem Markt" zu sein bzw. „den Markt zu schlagen", um erfolgreich zu sein, während andererseits der Überzeugung Ausdruck verliehen wird, dass der „Markt immer Recht hat". Einmal erscheint der Markt als kurzfristig und irrational, ein andermal – in denselben Interviews – als langfristig, rational kalkulierbar und an die Entwicklung der Realwirtschaft rückgebunden. Das langfristige Kalkül fundamentaler Anlagestrategien, das von den Professionellen eingefordert und gegen zu kurzfristige Erfolgserwartungen verteidigt wird, steht im Widerspruch zu der häufig anzutreffenden Wertschätzung kurzfristiger, typischer Weise täglicher Leistungsmessung, bei denen „man am Ende des Tages" weiß, ob man Erfolg hatte. Dieser letzte Aspekt wird zuweilen als zentrales Merkmal des Berufsbildes des/der FondsmanagerIn herausgestellt; es sei hier an das Interview mit der Fondsmanagerin E erinnert (Kapitel 2, Abschnitt d), die die augenblickliche Überprüfung der eigenen Leistung durch den Markt selbst zu einem solchen Merkmal erklärt. In der folgenden Interviewsequenz mit Respondent F, die auf die Frage nach der Einschätzung der eigenen Handlungsspielräume antwortet und zunächst der Bekräftigung beginnt, dass die Freiheitsgrade sehr hoch seien, kommen diese Ambiguitäten im Verhältnis zwischen Langfrist- und Kurzfristdynamik klar zum Ausdruck:

F: also – hh – ich mein – mein <u>wir ham zwar schon</u> hh dass das das was wir – ich sa ma das is schöne an unsere <u>Arbeit</u> oder das schlechte hh dass ja schon die deine deine <u>Leistung</u> halt <u>täglisch messbar</u> is

I: ja

F: ja isch mein täglisch – hh kommt die <u>Performance</u> und dann kann ma das – oder – sa ma kann man s täglich sehn aber ich mein spätestens monatlich gibt s dann halt hh – die <u>SOPs</u> und die Ferry <u>Drafts</u> und wie se alle heißen und dann – hh sieht man ja schon <u>wo man halt in seinen</u> also wo man zur <u>Benchmark</u> liegt ganz klar und wie man natürlich auch zu den Vergleichsfonds liegt und mtz ich sach ma <u>so lange</u> hh – wie – das alles in Ordnung is hh dann kriegt man auch die Freiheiten – wenn das natürlisch hh ich sach mal wenn man da halt – ich sach ma och – sa ma <u>hinterherliegt</u> dann – wird man s entsprechend mit seinen Teamheads auch dann zusammensetzen – hh und dann wird dat och das Portfolio <u>durchgesprochen</u>

I: ja

F: halt dann – hh – kann auch scho ma dass das halt dann noch mal – man sacht – wie gesacht vom also ok – isch meine dass – du zu viel – keine Ahnung Medien hast hh –

konzentrier ma das ma etwas ja? Aber – aber sa ma prinzipiell – ja hat jeder schon – ähm – da relativ hohe Freiheiten nichtsdestotrotz weil da – lässt man – sitzen ja alle auch discht beieinander

I: ja

F: isch mein – isch sprech natürlich auch täglisch – ff über verschiedene Sachen und isch mein da sind ja natürlich schon viele andere Einflüsse halt ein auch äh hh aber letztendlisch – mtz wenn isch jetz sache mal – Neue Markt Werte mache ja?

I: ja

F: Kennt da den Markt keiner besser als ich und keiner kann jetz och sagen – hh die – oder besser sagen wie jetz grad die Money Flows sin ob das: - nah das sind eine oder andere von daher hh – würde es ja auch nisch gut sein wenn da jetzt jemand – extern – irgendwo da reindirigiert ja?

Respondent F spricht zu Beginn eine Ansicht aus, die offensichtlich zum Allgemeingut des Selbstverständnisses der Finanzmarktprofessionellen gehört: deren Arbeit bringt es mit sich, sehr leicht und in kurzen Abständen messbar zu sein. Dennoch ist diese grundsätzliche Messbarkeit, wie der Respondent offenbar bemüht ist herauszustellen, nicht prinzipiell mit einer eingeschränkten Autonomie gleichbedeutend. Dagegen bringt er zwei Evidenzen vor, die auf unterschiedlichen Ebenen gelagert sind. Die erste Ebene ist mit der These der „Vermarktlichung" der Gesellschaft im Zuge der Umstellung von Gerechtigkeitsnormen von leistungsbasiert auf erfolgsbasiert (Neckel/Dröge/Somm 2004) in Zusammenhang zu bringen: in Analogie zu dem Prinzip „Den Tapferen hilft das Glück" ist Autonomie nur dort gefährdet, wo sie offenbar nicht zu überdurchschnittlichen Investmenterfolgen geführt hat. Diese Einschränkung wird aber nicht als ein Durchgreifen von oben dargestellt, sondern als ein Diskussionsprozess: man setzt sich zusammen, bespricht das problematische Portfolio, gibt Ratschläge und nimmt sie entgegen. Bevor die zweite Evidenz durch den Respondenten F vorgebracht wird, kommentiert er in einer Art Überleitung jenen Diskussionprozess, wobei er ihn scheinbar relativiert, indem er ihn als etwas vollkommen Alltägliches darstellt, das einerseits durch die Arbeitsplatzanordnung und die inhaltliche Nähe bedingt ist („sitzen ja alle auch discht beieinander") und andererseits mit dem hochkomplexen Charakter der Tätigkeit zu tun hat, die die Hinzuziehung von Expertise von außen als normal erscheinen lässt („da sind ja natürlich schon viele andere Einflüsse halt"). Dennoch – und dies gibt der Überleitung ihren insgesamt ambigen Charakter – wird die Einschränkung professioneller Autonomie nicht nur erfolgsbezogen, sondern auch funktionalistisch-normativ begründet, wobei das Argument lautet, dass eine zu große Einschränkung die Aktualisierung je spezifischer Wissensbestände abwürge. Autonomie ist, so wird in dieser Sequenz deutlich, aus mindestens zwei Richtungen in steter Gefahr der Einschränkung: erstens durch einen kommunikativen Prozess der Interpretation von Arbeitsresultaten, der in seiner Form – wie die Überleitung deutlich macht – offenbar von „normalen" Formen der Kommunikation am Arbeitsplatz nur schwer zu trennen ist, und andererseits durch ein „Reindirigieren" vorgesetzter Stellen, gegen die der Respondent offenbar nur funktionalistisch-normative Argumente bei der Hand hat. Beides ist letztendlich auf den Charakter der Tätigkeit am Markt zurückzuführen, deren Erfolge leicht und rasch überprüfbar sind – eine Eigenschaft, die auch andere RespondentInnen als Besonderheit der Finanzmärkte ansehen (vgl. Respondentin E in Kapitel 2, Abschnitt d).

Die Ambiguität in Bezug auf Leistungsbeurteilungen entsteht so aus der Attraktivität der unmittelbaren Rückmeldung auf das eigene Handeln, die einem der Finanzmarkt gibt, die jedoch gleichzeitig als Erfolgsmaßstab externalisiert und sozusagen gegen den Professionellen in Anschlag gebracht werden kann, wobei dieser Vorgang bis in die alltäglichen Kommunikationsprozesse am Arbeitsplatz hineinreicht und in ihnen verankert ist. Das im Interview gebrauchte Wort „letztendlich" verkörpert die langfristige, professionelle Perspektive, die Autonomie zu einem Teil dieses Selbstkonzepts macht, aber die Gefahr ihres Entzugs nicht bannen kann. Dieses Beispiel macht deutlich, dass das Verhältnis zwischen Langfrist- und Kurzfristlogik an den Finanzmärkten die Professionalität der FinanzmarktexpertInnen grundsätzlich prekarisiert: Der Bezug auf professionelle Normen, die mit langfristigen Analyse- und Anlagehorizonten in Verbindung gebracht werden, bleibt stets anfechtbar, was in der kurzfristigen Überprüfbarkeit von finanzmarktlichem Handeln selbst – also in der Handlungsstruktur der Finanzmärkte – begründet liegt.

In dem vorliegenden Abschnitt der Studie wurde die Spezifik der Repräsentation sozialer Reflexivität an den Finanzmärkten deutlich gemacht: nämlich die Zuschreibung, dass der „Markt" aus oktroyierten kurzfristigen und eigentlich irrationalen Praxen finanzmarktlichen Handel(n)s selbst emergiert. Der irrationale Prozess besteht genau darin, dass sich der Markt, getrieben von den Interessen der Unternehmen und Klienten, in sich selbst abschließt und zu einer Quasi- oder Gegenwelt wird. Dieser Vorgang wird regelmäßig mit langfristigen Normen der Marktentwicklung kontrastiert, die professionellem Handel(n) zugänglich sind und auf die eine oder andere Weise als Prinzipien bzw. kontrafaktische Normen, gleichsam wie aus der realen Welt kommend, gegen die kurzfristige Irrationalität aufgerichtet werden. Nun muss gefragt werden, worin die repräsentationale Funktion der Spannung zwischen Lang- und Kurzfristrationalität liegt, die die Interviews durchzieht. Die theoretische Analyse wird zeigen, dass es sich um einen Widerspruch zwischen *zwei Reflexivitätsformen des Finanzmarktes* handelt, die hinsichtlich der Erzeugung von Repräsentationen des Marktes indes nur scheinbar widersprüchliche Resultate zeitigen und genau darin für die kulturelle Repräsentation der Gesellschaft von zentraler Bedeutung sind.

3. Langfristige Markteffizienz: Die imaginäre Zeit der Finanzmärkte

a) Langfristigkeit und Kurzfristigkeit in der finanzökonomischen Theorie

Um in die Diskussion um die kulturelle Bedeutung der Unterscheidung zwischen kurzfristiger und langfristiger Markt-Zeit – also der Beziehung zwischen den Repräsentationen langfristiger und kurzfristiger Handlungsorientierungen, daraus resultierender Dynamiken an den Finanzmärkten und entsprechender Vorstellungen ihrer Beziehung untereinander – einzusteigen, bietet es sich an, die Struktur dieser Unterscheidung zunächst in der finanzökonomischen Theorie zu rekonstruieren. Diese Theorie ist nicht nur einer der Referenzpunkte der professionellen Sebstkonzepte der interviewten Finanzmarktprofessionellen, sondern stellt außerdem den weitest gehenden Versuch dar, die temporale Dimension finanzmarktlicher Prozesse zu systematisieren.

Langfristige und kurzfristige Dynamiken und entsprechende Erklärungsmodelle sind vielgestaltig und beständiger theoretischer Innovation unterworfen (s. Kapitel 1, Abschnitt c). Allerdings lässt sich verallgemeinernd sagen, dass es einen entscheidenden Unterschied zwischen finanzökonomischen Theorien langfristiger und kurzfristiger finanzwirtschaftlicher Entwicklungen gibt: Die beiden Betrachtungsweisen sind nicht auf derselben Beobachtungsebene angesiedelt. Dies lässt bereits erahnen, dass es sich bei Langfrist- und Kurzfristentwicklungen nicht um Prozesse handelt, die auf derselben Sinnebene verhandelt werden, ein Gedanke, der in den flgenden Abschnitten weitergeführt werden wird.

Die Differenz in den Beobachtungsebenen zwischen langfristig und kurzfristig ansetzenden Erklärungsmodellen finanzökonomischer Entwicklung lässt sich wie folgt fassen: während *long term*-Erklärungsmodelle Beobachtungen zweiter Ordnung darstellen, d.h. die Entwicklung des Finanzmarktes als strukturell und prozessual eingebettet modellieren, sind *short term*-Erklärungsmodelle auf der Beobachtungsebene erster Ordnung positioniert, d.h. sie modellieren finanzmarktliche Dynamiken, wie sie sich dem involvierten Beobachter darstellen (Lohr 2005; Lee/LiPuma 2004: 94). Dieser Unterschied zwischen lang- und kurzfristiger Betrachtungsweise ist ideengeschichtlich mit der Entwicklung der so genannten neoklassischen Finanztheorie verbunden. Sie geht auf Eugene Fama und Merton Miller zurück, die die seit den 1930er Jahren, etwa durch Friedrich von Hayek (1948), bekannte neoklassische Sichtweise in der Ökonomik auf die Operationsweise von Finanzmärkten anwendeten (Fama 1970, Fama/Miller 1972). Fama und Miller gehen in ihrer Modellbildung von der Annahme eines langfristig effizienten Kapitalmarkts aus und definieren diesen als a market in which all available information is freely available to everybody, there are no transaction costs, and all market participants are price takers. Our uncertainty models of market equilibrium have in addition usually assumed homogeneous expectations; that is, market participants agree on the implications of available information for both current prices and probability distributions on future prices of individual investment assets. [...] firms can make production-investment decisions, and consumers can choose among the securities that represent ownership of firms' activities under the presumption that security prices at any time „fully reflect" all available information. A market in which prices fully reflect available information is called efficient. (Fama/Miller 1972: 335)

Dreißig Jahre, nachdem John Maynard Keynes seine Kritik an langfristigen ökonomischen Betrachtungshorizonten geübt hatte, begründeten Fama und Miller also genau diese für die Finanztheorie. Ihre Modellbildung unterstellt die langfristige Effizienz von Finanzmärkten auf der Grundlage zweier Annahmen: erstens, dass die Finanzmärkte letztendlich eine Verlängerung der industrieproduktionsbasierten Realwirtschaft darstellen, da die Marktteilnehmer entweder realwirtschaftliche Unternehmen oder Teilhaber an solchen Unternehmen sind; und zweitens, dass Markteffizienz sich in die Zukunft hinein verlängert, weil alle Marktteilnehmer dieselben Informationen sowie homogene Erwartungen bezüglich zukünftiger Preisbildung haben.[23]

Es wird deutlich, dass die von Fama und Miller vertretene Sicht auf den Finanzmarkt, gerade weil sie in gewissem Sinne eine Universalisierung der Prinzipien Markt und Wettbewerb darstellt bzw. Markt als Wettbewerb repräsentiert (vgl. Best 2003: 371), die Einbettung des Finanzmarktes mit in Betracht zieht. Dies hängt vor allem damit zusammen, dass die Unterscheidung zwischen Finanzwirtschaft und Realwirtschaft aus der Sicht der frühen Neoklassik keinen Sinn ergibt, da in der Theorie der Finanzmarkt als Verlängerung von Produktions- und Konsuminteressen modelliert wird. Der Finanzmarkt erscheint so lediglich als Teil eines umfassenderen Marktes. Die Besonderheit finanzmarktlicher Handlungsmuster, Entscheidungsprozesse und Dynamiken, die oben mit dem Begriff der Reflexivität gefasst wurde und die darin besteht, dass die finanzmarktliche Dynamik in der Wahrnehmung der Marktteilnehmer von nichts anderem abhängt als ihren eigenen Entscheidungen als Marktteilnehmer unter dem Aspekt der Unsicherheit über die Entscheidungen Anderer (s. Kapitel 1, Abschnitt b), kann mit den Mitteln der Neoklassik nicht abgebildet werden, weil sie von der Homogenität der Zukunftserwartungen der Marktteilnehmer ausgeht und damit Unsicherheit aus ihrem Modell herausdefiniert.

Im Gegensatz zu der neoklassischen Finanztheorie der 1960er und 1970er Jahre, deren Modellbildung sich auf längere Perioden bezieht und den Finanzmarkt nur als Facette des Marktes an sich fasst, befassen sich kurzfristige Erklärungsmodelle ausschließlich mit den finanzmarktlichen Vorgängen als solchen, die sich selbst erhalten. Ihr Ursprung ist in der Portfoliotheorie Harry Markowitz' (1952;

1991) zu sehen, die den für das heutige Finanzmanagement zentralen Begriff der Diversifizierung in die Diskussion brachte. Markowitz zufolge ergibt sich die Chance einer überdurchschnittlichen Wertentwicklung von Finanzanlagen nicht aus einer Sicht auf die je spezifischen Anlagen und Prognosen ihrer Wertentwicklung – etwa der Prognose der Umsatzkurve eines Unternehmens, aus der dann die Entwicklung seines Aktienkurses abgeleitet wird – sondern aus der Analyse des kumulierten Risikos der Kursentwicklung aller Anlagen in einem gegebenen Bestand (Portfolio). Das Ziel besteht also nicht mehr darin, solche Anlagen auszuwählen, die eine auf realwirtschaftlichen Erwägungen basierende überdurchschnittliche Kursentwicklung erwarten lassen, sondern die Anlagen so zu kombinieren, dass das Gesamtrisiko des Portfolios geringer ausfällt als das durchschnittliche Risiko des gesamten Marktes. Anders ausgedrückt: es geht nicht um den Kauf viel versprechender Unternehmensanteile, sondern um die Minimierung der erwartbaren Volatilität (also der prognostizierten Varianz der Kurse um einen erwarteten Durchschnitt) des Gesamtportfolios durch Diversifizierung der Anlagen mit dem Ziel der Senkung des kumulierten Portfoliorisikos (vgl. Lee/LiPuma 2004: 76, 142-147). Diese Vorgehensweise macht es zwingend erforderlich, zukünftige Risiken berechnen zu können. Dementsprechend beschäftigen sich viele Beiträge zur Portfoliotheorie mit der mathematischen Modellierung erwarteter Kursrisiken auf Basis der Auswertung vergangener Kursdaten und Volatilitätsgrade (s. Kischka 1984; Levy/Sarnat 1984; s. auch die Beiträge in Elton/Gruber 1979). Als ein Durchbruch in dieser Hinsicht wird innerhalb der Finanzökonomik die Optionspreistheorie von Black und Scholes (1973) angesehen, die eine mathematische Modellierung der Volatilitätsrisiken in der Entwicklung von Finanzanlagen ermöglicht und daraus die Preise für eine bestimmte Klasse derivativer Finanzinstrumente – Optionen – errechnet, d.h. die Preise für den Erwerb des Rechts, zu einem bestimmten Zeitpunkt in der Zukunft zu einem festgelegten Preis eine bestimmte Menge einer Ware zu erwerben (vgl. Lee/LiPuma 2004: 78). Die Optionspreisgleichungen Blacks und Scholes' erlauben eine mathematisch-statistisch routinisierbare Preisfeststellung für derivative Finanzinstrumente, was nach Ansicht einiger Autoren erst zur Vorherrschaft solcher Instrumente auf den Finanzmärkten der Gegenwart geführt hat (Lee/LiPuma 2004: 76-82; MacKenzie 2005a).

Die theoretische Innovation der Portfoliotheorie, und ihr größter Unterschied zur frühen neoklassischen Finanzökonomik, ist also darin zu sehen, dass sie Volatilitätsrisiken mathematisch abbildbar macht und damit die Prognose von Risiken allein auf der Grundlage finanzmarktlicher Prozesse, d.h. in Absehung von realwirtschaftlichen Entwicklungen ermöglicht. Darüber hinaus kann die Portfoliotheorie als zentrales Paradigma einer kurzfristigen Sichtweise auf die Entwicklung von Finanzanlagen gelten. Dies ist nicht nur deswegen so, weil sie die mathematische Modellierung von Kursrisiken in jedem beliebigen Zeitraum möglich macht, sondern vor allem deswegen, weil eine ihrer Implikationen die Senkung des Anlagerisikos durch die Verkürzung des Anlagehorizonts darstellt. Je kürzer ein Anlagehorizont, desto geringer fällt das Volatilitätsrisiko aus. Deswegen stellt der logische Endpunkt der Portfoliotheorie die Arbitrage dar, d.h. der Kauf und sofortige Wiederverkauf von Anlagen zu einem höheren Preis an einem anderen Ort bzw. auf einem anderen Markt, weil sich so der temporale Anlagehorizont, und damit das Volatilitätsrisiko, praktisch auf Null verkürzt (Lee/LiPuma 2004: 77f.).

Die offenkundigen Spannungen zwischen langfristigen und kurzfristigen Modellierungen in der finanzökonomischen Theorie haben in jüngerer Zeit Weiterentwicklungen der neoklassischen Finanzökonomik inspiriert, die im Effekt zu einer versteckten Subsumierung der kurzfristigen, portfoliotheoretischen Ansätze unter die neoklassische Perspektive geführt haben. Die jüngste Anpassung der Effizienzhypothese Eugene Famas wird in der Literatur als „rational expectations proposition" bezeichnet. Sie besagt, dass die Erwartungen der Marktteilnehmer hinsichtlich der Wertentwicklung finanzmarktlicher Titel insofern als rational zu bezeichnen sind, als sie sich optimal auf die zur Verfügung stehenden Informationen beziehen: „Expectations will be identical to optimal forecasts (the best guess of the future) using all available information." (Mishkin 2004: 147) Dies bedeutet, dass sich Erwartungen nicht nur auf der Grundlage vergangener Erfahrungen bilden, sondern auch Informationen der Gegenwart mit einbeziehen. Damit bleiben Erwartungen auch dann rational, wenn sich die Vorhersage nicht erfüllt, weil sich ihre Rationalität nicht an ihrem Eintreffen, sondern an der Auswertung aller verfügbaren Informationen bemisst. Dementsprechend verändern sich rationale Erwartungen konkordant mit der Veränderung der den Marktteilnehmern bekannten Variablen, welche die finanzmarktliche Dynamik beeinflussen.[24]

Für die langfristige finanzmarktliche Dynamik ergeben sich aus dieser Modellierung verschiedene Konsequenzen, die letztendlich die Integration kurzfristiger Modellierung der ersten Beobachtungsebene in die langfristige Sichtweise gestatten. Erstens werden auf effizienten Kapitalmärkten – also solchen, die durch rationale Erwartungen ihrer Teilnehmer gekennzeichnet sind – Profitmöglichkeiten, die auf Fehlbewertungen zurückgehen, durch Arbitrage direkt nach ihrem Auftreten eliminiert: Es finden sich sofort Akteure, denen die Fehlbewertung eines Titels auffällt und die durch ihr Kauf- und Verkaufverhalten den Preis des Titels in Richtung seines Durchschnittswertes steuern. Zweitens – hier liegt die maßgebliche Weiterentwicklung der neoklassischen Theoriebildung seit den 1960er Jahren – müssen nicht alle Marktteilnehmer rationale Erwartungen hegen, damit sich Profitmöglichkeiten schließen und der Markt als effizient bezeichnet werden kann: es reicht völlig aus, wenn *einige* Marktteilnehmer die Gewinnchance realisieren und damit das Preisgefüge dahin gehend verändern, dass es erneut alle zugänglichen Informationen widerspiegelt (s. Fenton-O'Creevy et al. 2005: 31f.).

Drittens können Kursentwicklungen nur hinsichtlich ihres Durchschnitts optimal prognostiziert werden, aber die empirischen Abweichungen der Kurse von der Vorhersage dieses Durchschnitts – also die Volatilität – bleiben *auf effizienten Märkten* ihrerseits unprognostizierbar (Mishkin 2004: 152). Genau an diesem Punkt indes eröffnet sich die Möglichkeit einer widerspruchsfreien Subsumierung kurzfristig orientierter, portfoliotheoretischer Modellierungen: durch die mathematische Berechnungsmöglichkeit von zukünftigen Volatilitätsrisiken, die die Portfoliotheorie und insbesondere die Optionspreistheorie gestatten, können genau die Marktineffizienzen einer Analyse zugeführt werden, die in der neoklassischen Finanzökonomik eine Black box bleiben müssen. Der Widerspruch zwischen den Prognoseansprüchen von modernisierter Neoklassik und Portfoliotheorie tritt aufgrund eines formalen Unterschieds im Geltungsbereich ihrer Hypothesen nicht zutage: die neoklassische Hypothese bezieht sich auf *über*durchschnittliche *Wert*entwicklung, während die portfoliotheoretische Hypothese auf *unter*durchschnittliche *Risiko*entwicklung abstellt.

Die Theorie rationaler Erwartungen und effizienter Finanzmärkte sieht also, auf der einen Seite, die Möglichkeit langfristig überdurchschnittlicher Wertentwicklungen einzelner Titel auf der Grundlage portfoliotheoretisch gestützter Entscheidungen nicht vor. In diesem Zusammenhang wird sogar explizite Kritik an der technischen Analyse geübt, die ja auf der Extrapolation von Informationen über vergangene Kursentwicklungen beruht: „The efficient market hypothesis suggests that technical analysis is a waste fo time. The simplest way to understand why is to use the random-walk result [die Beobachtung, dass die exakte Entwicklung von Kursen nicht prognostizierbar ist] derived from the efficient market hypothesis that holds that past stock price data cannot help predict changes." (Mishkin 2004: 155) Auf der anderen Seite allerdings können kurzfristige Analysemethoden, wie etwa die technische Analyse, unterhalb der Beobachtungsebene der Neoklassik in das Modell unter der theoretischen Voraussetzung integriert werden, dass Finanzmärkte nicht in jedem Augenblick und über jeden Zeitraum effizient sind. Genau in diesem Sinne wird konzediert, dass es „Anomalien" wie etwa „exzessive Volatilität" und „Überreaktion" auf Nachrichten gebe, die *im Moment ihres Auftretens* mit der Vorstellung effizienter Märkte nur schwer zur Deckung zu bringen seien. Dass die neoklassische Finanzökonomik diese Integration kurzfristiger Modelle unbeschadet übersteht und der These rationaler Erwartungen kein Abbruch getan wird, belegt das folgende Zitat:

> [N]othing in this view contradicts the basic reasoning behind rational expectations or the efficient market hypothesis – that market participants eliminate unexploited profit opportunities. Even though market prices may not always solely reflect market fundamentals, this does not mean that rational expectations do not hold. (Mishkin 2004: 163f.)

Auf den ersten Blick ist das langfristige finanzökonomische Erklärungsmodell von grundsätzlich anderem Charakter als kurzfristige Modellierungsversuche, obwohl eine eindeutige und theoretisch abgesicherte Definition dessen, welche Zeiträume als langfristig und welche als kurzfristig zu gelten hätten, in der Finanzökonomik fehlt. Die langfristige Sicht auf die Finanzmärkte ist in der finanzökonomischen Theorie nicht vom selben unmittelbaren Orientierungsnutzen wie Betrachtungen zu Kurzfristentwicklungen, sondern stellt eher den Versuch einer generalisierenden Charakterisierung des Wesens der Finanzmärkte dar. Dies spiegelt sich auch in der Kritik „neoliberaler" Markttheoretiker an der Neoklassik und ihrem „sterile[n] Modelldenken zur Konstruktion von Gleichgewichtsprozessen" wider (Ptak 2005: 63). Allerdings übersehen diese Kritiker, dass das neoklassische Finanzmarktmodell eine Subsumierung kurzfristig orientierter Modellierungen erlaubt, die quasi den Stellenwert einer Ausnahme bilden, welche die (langfristige) Regel bestätigt.

Indes stellt diese Ausnahme offensichtlich das wichtigere Prinzip bei der Orientierung finanzmarktlichen Handelns dar. Dies erweist sich schon daran, dass kurzfristige Analyseinstrumente und Anlageorientierungen, als direkt anwendbare Praxistheorien, ihre eigenen Wahrheiten erzeugen, sobald die Akteure davon ausgehen, dass die Mehrzahl der Marktteilnehmer sie ihrem Handel(n) zugrunde legen (Kapitel 1, Abschnitt c; MacKenzie 2005a). In den Interviews, die in Kapitel 2 analysiert wurden, ist diese Konstellation in der Ambiguität des Verhältnisses zwischen langfristigen und kurzfristigen Marktdynamiken und ihrer Auswirkungen auf professionelles Handeln repräsentiert (s. Kapitel 2, Abschnitt e). Es stellt sich somit die Frage, welche sinnhafte Bedeutung das Festhalten an der Vorstellung langfristiger Markteffizienz und -rationalität für die RespondentInnen hat, wenn diese Vorstellung doch kaum primären Orientierungswert für sie besitzt.

b) Markt, Zirkulation und das Imaginäre

In diesem Abschnitt wird die These entwickelt, dass die Vorstellung langfristig effizienter Finanzmärkte einer anderen Repräsentationsordnung folgt als die kurzfristiger und irrationaler Märkte, und es werden die gesellschaftlichen Implikationen dieser doppelten Repräsentationsordnung theoretisch erörtert. Während kurzfristige Irrationalität eine spezifische empirische Codierung sozialer Reflexivität i.S. Giddens' darstellt, die sich aus bestimmten Praxen des Handel(n)s ergibt, ist langfristige Rationalität eher mit Vorstellungen von Gesellschaftlichkeit und Vergesellschaftung verbunden: „langfristig rationale" Märkte sind rational immer in Relation zu einer Bezugsgröße und stellen somit stets auch Repräsentationen des Gesellschaftlichen dar.

Die Repräsentation langfristig rationaler Märkte stellt eine Herausforderung für das soziologische Verständnis sozialen Sinns dar. Bei dieser Repräsentation handelt sich nicht um eine, im wissenssoziologischen Sinne, „gesellschaftliche Konstruktion der Wirklichkeit", weil die Vorstellung eines langfristig rationalen Marktes offenbar ohne sie bestätigende und institutionalisierte Praxen auskommt. Eher im Gegenteil hat diese Vorstellung den Charakter einer Fiktion, deren kontrafaktische Geltung *gegen* die Evidenz kurzfristiger Marktprozese aufrechterhalten wird. Aber von einer „Ideologie" zu sprechen (Ritsert 2002), die die tatsächliche Praxis des kurzfristigen Handels verschleiert, wäre ebenso verfehlt, da sich die kurzfristigen, irrationalen Praxen aus professioneller Sicht zu einer langfristigen Rationalität höherer Ordnung gewissermaßen aufartikulieren. Das Verhältnis der langfristigen Logik und Effizienz zur kurzfristigen Illogik und Ineffizienz, wie es sich sowohl in den Interviews als auch (wie gerade gezeigt) in der finanzökonomischen Theoriearchitektur darstellt, ist nicht eines der Verdrängung, sondern eines der Unterordnung. Wenn daher die Repräsentation langfristig rationaler Märkte weder das Ergebnis der Institutionalisierung von Handlungspraxen noch das ideologischer Beschränkung ist, muss man sich fragen, welcher Darstellungslogik sie stattdessen folgt. Die Antwort auf diese Frage wird im Folgenden in einem Durchgang durch Arbeiten verfolgt, die sich der Frage der Bedeutung des Marktes und des Finanzmarktes aus einer historisierenden und modernisierungstheoretischen Perspektive nähern.

Einen ersten Historisierungsschritt stellt die Bezugnahme auf das Konzept des Imaginären (*imaginary*) dar, das in der soziologischen und kulturanthropologischen Theorie seit kurzem anzutreffen ist. Die Begriffe „Imagination" und „das Imaginäre", die die Idee einer "enabling but not fully explicable symbolic matrix within which a people imagine and act as world-making collective agents" (Gaonkar 2002: 1) ausdrücken sollen, sind in verschiedenen gesellschaftstheoretischen Diskursen als Reaktion auf die mit dem Konzept der „Globalisierung" verbundenen kulturellen Herausforderungen aufgebracht worden (Appadurai 1990: 5). Solche Herausforderungen werden insbesondere in der Infragestellung von Kategorien erblickt, die mit der Moderne assoziiert und historisch in ihr lokalisiert werden, nämlich Nationalstaat bzw. „national people", Öffentlichkeit, Zivilgesellschaft und eben auch Markt. Seit dem Untergang der staatssozialistischen politischen und gesellschaftlichen Ordnungen hat sich eine wachsende Skepsis in Bezug auf diese Kategorien entwickelt, die durch die Enttäuschung von Hoffnungen, dass sie einfach auf die transnationale oder globale Ebene (globale Zivilgesellschaft, globale Öffentlichkeit, globale Politik) übertragen werden könnten, noch verstärkt wurde (Gaonkar 2002: 2-3). Dies hat zu einem verstärkten Interesse an den empirischen Prozessen der Konstruktion von Kollektivvorstellungen geführt.[25]

Diese Arbeiten eignen sich den Begriff des Imaginären an, wie er zuerst von Cornelius Castoriadis (1984) in die Diskussion eingebracht wurde. Castoriadis verwendete ihn, um sich gegen geschichtsdeterministische Konzepte von Gesellschaftlichkeit auszusprechen: das Imaginäre bezeichnet „die elementare und nicht weiter zurückführbare Fähigkeit, ein Bild hervorzurufen", dessen Gestalt einer rein funktionalen Analyse unzugänglich ist (Castoriadis 1984: 218, 218-223). Dieses Zitat steht gleichzeitig für die anthropologische Fundierung des Begriffs bei Castoriadis, in deren Erweiterung das Imaginäre als philosopischer Gegenentwurf gegen verdinglichende Gebrauchsweisen von Begriffen wie „Gesellschaft", „Volk" oder „politisches Gemeinwesen" aufgerichtet wurde. Anstatt diesen Begriffen eine ontologische Dignität zu verleihen, indem man sie Kollektivitäten bezeichnen lässt, die durch historische Umstände determiniert sind, sollten sie Castoriadis zufolge eher dazu dienen, sich die Selbsthervorbringung dieser Kollektive zu veranschaulichen, die in philosophischer Reflexion und politischem Handeln sich selbst als politische Gemeinwesen konstituieren (Castoriadis 1984: 584-609). Jüngere Arbeiten, die mit dem Begriff des Imaginären arbeiten, positionieren sich in Castoriadis' anti-geschichtsessenzialistischen Tradition. Sie stellen indes nicht so sehr auf die philosophische Hoffnung auf die grundsätzliche Offenheit gesellschaftspolitischer Projekte ab, sondern heben die fundamentale Nichtintentionalität und ständige, in sozialen Praxen verwirklichte Hervorbringung von Kategorien heraus, die dem sozialen und kulturellen Substrat moderner Gesellschaften Bedeutung für diese selbst verleihen: "social imaginaries are ways of understanding the social that become social entities themselves, mediating collective life." (Gaonkar 2002: 4)

Das im Folgenden zu begründende Argument lautet, dass es sich bei der Vorstellung des langfristig rationalen Marktes um ein solches Imaginäres handelt. Im Unterschied zu Castoriadis, der das Entstehen des Imaginären an das politische Gemeinwesen gebunden hatte,[26] wird es in neueren Arbeiten primär auf den ökonomischen Bereich angewandt. Charles Taylor zufolge (2002) sind imaginäre Konzepte der Gesellschaft, die diese Gesellschaft in den Augen ihrer Mitglieder erst zu einer solchen machen, seit dem 18. Jahrhundert sogar ganz zentral auf die Ökonomie bezogen. Bereits am Begriff der „bürgerlichen Gesellschaften" zeigt sich, dass ein starkes Element des Ökonomischen nun zu dem ursprünglichen Konzept der *societé civile* hinzutritt. Die Zivilgesellschaft wird mit einer bestimmten Schicht assoziiert (dem Bürgertum), aber dies verweist nicht nur auf die Sozialstruktur der Gesellschaft, sondern ebenso auf die funktionale Bedeutung des Produzierens und des Handelns, für die seit dieser Zeit der „Bürger" steht. Durch die Amalgamierung von *citoyen* und *bourgeois*, die im modernen Konzept des Bürgertums stattfindet, wird eine bestimmte ökonomische Funktion mit politischer Trägerschaft und sozialstruktureller Positioniertheit verknüpft. Die Idee der „guten Gesellschaft" ist somit sowohl auf moderne politische Ordnungskonzepte (nach innen und außen souveräne Staaten) als auch auf geordnete, d.h. geschichtete (im Gegensatz zu segmentären) Gesellschaften bezogen. Wichtiger laut Taylor ist indes, dass seit dem 18. Jahrhundert es in zunehmendem Maße *ökonomische* Modelle sind, die dazu dienen, sich den Aufbau und die moralische Ordnung der Gesellschaft vorzustellen. Philosophische Beispiele sind bei Theo-

rien der „unsichtbaren Hand" zu suchen, wie sie etwa von John Locke und A-
dam Smith vertreten werden, welche besagen, dass die Gesellschaft nicht durch
die Moralität ihrer Individuen oder durch das direkte Eingreifen Gottes geprägt
und zusammengehalten wird, sondern dass es das unauffällige, aber nachgerade
ästhetische und einer höheren Ordnung angehörende Ineinandergreifen von
Fernfolgen der Operationsweise der Kreaturen ist, was die Welt zu einer Gesellschaft macht (Taylor 2002: 101).

Diese Idee, dass Gesellschaft faktisch wie eine Ökonomie – genauer: wie ein
Markt – aufgebaut ist bzw. sein sollte, beschränkt sich nicht nur auf philosophische Reflexionen, sondern sickert in die Gesellschaft ein. Dadurch nimmt sie die
Qualität eines kollektiven Imaginären an. Laut Taylor (2002: 106) unterscheiden
sich solche soziale Imaginationen von wissenschaftlichen Theorien auf dreifache
Weise: sie sind „often not expressed in theoretical terms", sie werden „shared by
large groups of people, if not the whole society", und sie sind „that common
understanding that makes possible common practices and a widely shared sense
of legitimacy". Beispielsweise sei die Idee, die Gesellschaft sei strukturiert wie ein
Markt, durch die protestantische Arbeitsethik vorbereitet worden. Auf dieser
Grundlage ist anzunehmen, dass ab dem 18. Jahrhundert das Konzept individueller Erwerbstätigkeit nicht nur durch strukturell entstehende Mobilitätskanäle
verbreitet wurde – zunächst innerhalb der protestantischen Sekten (Weber 1988b
[1921]), dann auch darüber hinaus – sondern auch durch eine Vorstellung von
Markt und Handel getragen und plausibilisiert wurde, welche imaginär in der
Zirkulation durch jene Kanälen gründete.

Im Unterschied zu Castoriadis also, der die Möglichkeit zu kollektivem Handeln
als imaginäre Subjektivität unter Verweis auf das Beispiel philosophischer Reflexion begründet, ziehen die gegenwärtigen Aufgriffe eine Grenze zwischen *Reflexion* auf das Imaginäre und *Selbstkonstitution* des Imaginären in der sozialen Praxis.
Anders gesagt: Man bedient sich des Konzepts des Imaginären nicht zur Bezeichnung der Selbstbewusstheit kollektiver Akteure, durch deren Reflexionsleis-
tungen ihre vorgestellte Einheit in die Sinnwelt tritt, sondern zur Theorisierung
der in den Augen der beteiligten Akteure scheinbaren Selbstevidenz und Selbstbezüglichkeit dieses Imaginären, das aus sozialer Praxis hervorgeht, ohne explizit
reflektiert werden zu müssen. Um wieder auf das Beispiel Webers zurückzu-
kommen: es geht nicht um die Frage, wie sich die Protestanten des 17. Jahrhun-
derts als Kollektivsubjekt vorstellten, um auf dieser Grundlage handeln zu können und damit ihrer Vorstellung einen sozialen Sinn zu geben, sondern darum,
wie auf Grundlage deren Praxen die Konzepte des Wirtschaftssubjekts und des
Markts sich als selbstverständliche Leitbilder des Gesellschaftlichen aufdrängten,
ohne expliziter Reflexion zu bedürfen. Charles Taylor generalisiert: "If the understanding makes the practice possible, it is also true that the practice largely
carries the understanding." (Taylor 2002: 107)

Moderne Kollektivvorstellungen sind demnach eigentümlich selbstbezüglich: aus Sicht der sie Teilenden gehen sie scheinbar aus sozialen Praxen einfach hervor. Auf diese Weise konstituieren sie abstrakte "Subjektivitäten": Markt, Gesellschaft, öffentliche Meinung (Gaonkar 2004: 4; Taylor 2002: 92). Diese imaginierten Subjektivitäten sind deshalb als abstrakt zu bezeichnen, weil sie nicht Gegenstand subjektiver Erfahrung sein können (hier sei an die Ausführungen zum Markt als einer Vorstellung erinnert, die aus der Praxis des Preisvergleichs hervorgeht, ohne als solche erfahrbar zu sein, s. Kapitel 1, Abschnitt b). Die Praxen, die diese Imaginationen emergieren lassen, sind solche der Zirkulation von Symbolen (Lee/LiPuma 2002): während die Vorstellungen von Gesellschaft und öffentlicher Meinung, wie die Arbeiten von Jürgen Habermas (1962) und Benedict Anderson (1987) zeigen, aus der Zirkulation sprachlicher Symbole in Form von Büchern, Journalen etc. hervorgehen, wird die Vorstellung des Marktes durch die Zirkulation von Wert in der symbolischen Gestalt des Geldes hervorgebracht.

Im Anschluss an diese allgemeine Charakterisierung des Marktes als imaginärer Vorstellung lassen sich nun, in einem zweiten Historisierungsschritt, die spezifische und paradigmatische Bedeutung dieser Marktvorstellung für den Symbolhaushalt moderner Gesellschaften aufzeigen. Wenn moderne imaginäre Repräsentanzen aus Praxen und Strukturen der Zirkulation emergieren, welche ihrerseits nicht primär der Bedeutungsgenerierung dienen, lässt sich argumentieren, dass der „Markt" den Prototyp einer solchen Repräsentanz darstellt sind. Ein erster Zugriff besteht darin, das Imaginäre in Begriffen des Marxschen Fetischs zu fassen: "From a Marxian perspective, the 'fetish' is none other than the act of shared imagination in which agents apprehend, cognitively and precognitively, that the mutuality and performativity of their actions across a variety of domains is what produces society." (Lee/LiPuma 2002: 196)[27] Die soziale Realität der Vorstellung ökonomischer Wechselseitigkeit und Performativität wird durch Praxen der Zirkulation verbürgt, welche im Kapitalismus die Form des Umlaufs kommmodifizierten Mehrwerts in der symbolischen Gestalt des Geldes annehmen. Nach Lee and LiPuma emergiert im Industriekapitalismus aus diesen Umläufen die Vorstellung abstrakter Arbeitszeit "that is the self-valorizing subject of capitalism; the identical subject-object that, in positing itself, self-reflexively creates itself". Auf diese Weise entsteigt die "Totalität" des Kapitals, die genau seine imaginäre Qualität ausmacht, der Zirkulation abstrakter Arbeitszeit in der verdinglichten und kommodifizierten Form des Geldes (Lee/LiPuma 2002: 198, 199). Die anderen Imaginationen moderner Gesellschaften, die Gaonkar (2002) und Taylor (2002) unterscheiden – Gesellschaft und öffentliche Meinung, Nation und Öffentlichkeit – sind der imaginären abstrakten Zeit, die aus der Zirkulation von Mehrwert hervorgeht, insofern nachgeformt, als sie radikal von den konkreten Einheiten und Identifizierungen der involvierten Subjekte und sozialen Bedeutungen abstrahieren.

Die Repräsentanz eines Marktes, die auf einer sehr grundsätzlichen Ebene latent mit der Praxis des Preisvergleichs verwoben ist (s. Kapitel 1, Abschnitt b), erhält somit in der Moderne eine besondere Bedeutung, weil in der Moderne diese Repräsentanz gleichsam zum Prototyp des Entstehens von Kollektivvorstellungen überhaupt wird. Der Repräsentationstypus und die kulturelle Bedeutung des Marktes kann daher folgendermaßen historisch spezifiziert werden: die Moderne ist als *kapitalistische* Moderne zu verstehen, weil sie dem Markt eine paradigmatische Rolle in der imaginären Konstitution moderner Gesellschaften zuweist, denn der bedeutungsgenerierende Effekt von Zirkulation erreicht seine reinste Ausprägung im kapitalistischen Tausch abstrakten Mehrwerts. Dies gibt dem Imaginären des Marktes eine idealtypische Bedeutung und begründet theoretisch die kulturelle Bedeutung der Ökonomie für die Gesellschaft.

Der Begriff der Zirkulation erlaubt indes, in einem dritten Historisierungsschritt, eine noch weiter gehende Charakterisierung der kulturellen Bedeutung des Marktes, denn er gestattet es, die jüngsten Entwicklungen *finanz*marktlicher Prozesse mit in die Analyse einzubeziehen, insbesondere die Entkopplung finanzmarktlicher Aktivitäten von der Realwirtschaft, d.h. der produktionsbasierten kapitalistischen Ökonomie (s. Lee/LiPuma 2004: 9, 134). Wenn kapitalistische Wertkreisläufe modernen Imaginationen das Modell gaben, so stellen Finanzmärkte ihrerseits die fast schon idealtypische Zuspitzung jener Kreisläufe dar, weil sie in gleich zweifacher Weise, gleichsam als Subjekt und Objekt, in Zirkulationsprozesse einbezogen sind: zum einen kreieren sie die Kanäle für den Umlauf ökonomischer Werte, auf die (nicht nur) international operierende Unternehmen in ihrer Operationsweise angewiesen sind, und zum anderen stellen sie selbst Produkte her, die in jenen Kanälen zirkuliert werden, etwa derivative Finanzinstrumente (s. Dicken 2003: 439).

Das Argument, der Finanzmarkt verfüge aufgrund der ihn konstituierenden Zirkulationspraktiken über eine besondere imaginäre Qualität, die ihm seine kulturelle Bedeutung für die Gegenwartsgesellschaft verleihe, ist in der jüngsten Forschung von zwei Seiten vorangetrieben worden. Beide Richtungen greifen theoretisch auf die Moderne als kapitalistische Moderne zu und messen der Ökonomie daher eine große kulturelle Bedeutung bei. Erstens haben auf kulturanthropologischer Seite Benjamin Lee und Edward LiPuma (2002, 2004) argumentiert, dass im Informationskapitalismus die Abstraktifizierung und Objektivierung von Zeit auf eine Meta-Ebene gehoben wird. Während im Industriekapitalismus die imaginäre Totalität des Kapitals von der Verdinglichung von Arbeitszeit ausging, welche Mehrwert repräsentierte (s. auch Postone 1996: 200-216), ist es im Informationskapitalismus das Risiko, das verdinglicht wird: die imaginäre Totalität des „spekulativen Kapitals" emergiert aus einer Verdinglichung von zukünftiger Zeit durch die artifizielle temporale Unterteilung zukünftiger finanzmarktlicher Entwicklungen. Dies wird durch derivative Finanzinstrumente bewerkstelligt, deren Funktionsweise auf einer Einteilung der Zukunft in präzise und abstrakte Intervalle (den vorfestgelegten Fälligkeitsterminen) beruht. Beispielsweise erwirbt mit einer so genannten Option der Käufer das Recht, zu einem bestimmten Zeitpunkt in der Zukunft eine bestimmte Menge einer Ware zu einem festgelegten Preis vom Verkäufer zu erwerben, und zahlt dafür eine Gebühr an den Verkäufer. Eine auf einem derivativen Finanzinstrument beruhende Investition greift somit auf die Zukunft vor, weil ihr Preis sich aus dem Verhältnis zwischen ihren festgelegten Wert zu einen bestimmten zukünftigen Zeitpunkt und dem Risiko der Abweichung des Marktpreises der Ware von dieser Festlegung bestimmt. Dies impliziert, dass das Risiko messbar ist bzw. messbar gemacht werden muss. Während Derivate ursprünglich dazu gedacht waren, Investitionsrisiken einzudämmen, indem sie einen bestimmten Wechselkurs oder Warenpreis für ein bestimmtes Zeitintervall festlegten und so die Risiken von Wechselkursschwankungen oder Preisverfallen bannten (s. schon Weber 1988 [1894]), verwandeln sie sich im Informationskapitalismus in die meistgehandelten Güter und dienen nur noch in verschwindend geringen Anteilen der Abfederung realwirtschaftlicher, produktionsbasierter Investitionsrisiken. „Spekulatives" Kapital konstituiert sich als Totalität somit nicht durch die Abstraktifizierung vergangener Arbeit in künstliche Arbeitszeiteinheiten, sondern durch die Abstraktifizierung und Objektivierung zukünftiger Risiken in künstliche Investitionszeitintervalle (Lee/LiPuma 2002: 203-207; Lee/LiPuma 2004: 53-65).

Daraus folgt paradoxerweise, dass gerade derivative Finanzinstrumente, die gewöhnlicher Weise für die zunehmende Beschleunigung der Finanzmärkte und die Zunahme von Risiko und Volatilität verantwortlich gemacht werden (s. Castells 1996; Power 2005; MacKenzie 2005), die imaginäre Vorstellung eines Kapitals emergieren lassen, welches über die Unvorhersagbarkeit der Zukunft hinwegschreitet und das Marktrisiko der Darstellung verschließt. Lee und LiPuma schlussfolgern, dass im Informationskapitalismus die Emergenz der imaginären Totalität des Kapitals aus der Zirkulation insofern eine neue Qualität annimmt, als die Praktiken der Zirkulation gewissermaßen selbstgenügsam werden und sich nicht mehr auf abgeschöpften Mehrwert beziehen müssen: "[Capitalism] is in transition from a production-centric system to one whose primary dynamic is circulation." (Lee/LiPuma 2002: 209; s. auch dies. 2004: 141-160) Daher identifizieren sie die Neuheit der Finanzmärkte in der Kristallisation der Dynamik der Zirkulation: im Informationskapitalismus erreicht Zirkulation die Ebene ihres Begriffs.

Für die Frage der kulturellen Bedeutung des Finanzmarkts für die Repräsentation der Gesellschaft liegt der entscheidende Punkt darin, dass die soziale Konstitution der Märkte – d.h. ihre „Einbettung" im Sinne der neuen ökonomischen Soziologie (s. Einleitung) – schlicht nicht repräsentiert wird. Die reflexive Gründung des Imaginären in der Philosophie und im politischen Handeln, die Castoriadis herausstellte, um den Projektcharakter und die Offenheit der Geschichte zu konzipieren, transformiert sich im Falle der Finanzmärkte in eine *selbst*reflexive i. S. von selbstbezüglicher Konstituenz der Märkte aus schierer Zirkulation. Diese äußerste Fiktivität der Selbstrepräsentation der Finanzmarkts ist – und dies stellt die zweite Richtung in der Finanzmarkttheorie heraus, die sich auf den Begriff des Imaginären bezieht – der Gegenstand von Arbeiten Slavoj Žižeks (1995, 2002). Žižeks Argumente gehen auf Marx' berühmte Analyse zurück, dass der Kapitalismus den Wert, der an sich nichts als ein Produkt von Arbeit ist, als ein „Subjekt" im Prozess der kapitalistischen Akkumulation hypostasiert. Wert wird von etwas Hergestelltem in etwas verwandelt, das selbstherstellend ist: sobald Geld aufhört, ausschließlich der Funktion der Vermittlung zwischen Gebrauchs- und Tauschwert zu dienen (also der Funktion eines generalisierten Tauschmediums), und beginnt, als Ware gehandelt zu werden, verdoppelt sich die Repräsentanz des Werts, weil er in den ursprünglichen und den Mehrwert aufgespalten wird, welche ihrerseits wieder unter dem Namen „Kapital" zusammen geführt werden (Marx 1962: 169). Daraus erwächst die Illusion, dass Wert Mehrwert aus sich selbst heraus produziere, sobald er in der Form des Geldes zirkuliere. Die Relation zwischen kapitalistischer Zirkulation und der nichtökonomischen Realität, die in der Aneignung des Mehrwerts der produktiven Arbeit durch das Kapital besteht, ist kulturell dadurch definiert, dass sie von jener Selbstrepräsentation des Kapitals ausgeschlossen ist, die eine „maßlose Bewegung" ist (Marx 1962: 167): maßlos deswegen, weil Wert Mehrwert produziert, sobald er sich in Kapital verwandelt. Žižeks Lesart Marx' geht von dieser Überschreitung gesellschaftlicher Verhältnisse durch die kapitalistische Fiktion des selbstgenerierenden Kapitals aus und resultiert in dem Argument, dass die symbolischen Akte, die das Symboluniversum des Kapitalismus konstituieren, die kontingenten sozialen Umstände, die die Existenzbedingung des Kapitalismus sind, von der Repräsentation abschließen, weil jene Akte eine „lebende Totalität" des Kapitals freisetzen, welche in der Lage ist, seine gesellschaftlichen Existenzbedingungen seiner eigenen Logik zu unterwerfen (Žižek 1995: 65).

Dieser Ausschluss der gesellschaftlichen Bedingungen des Kapitalismus aus seiner Selbstrepräsentation wird von Žižek durch Begriffe charakterisiert, die der Psychoanalyse Jacques Lacans entnommen sind: die „Fiktion", das „unbewusste Phantasma" des selbstgenerierenden Kapitals sei die „Wahrheit" des Kapitalismus, aber nicht seine „Realität". Jene Realität werde vielmehr durch die Fiktion der Repräsentation verschlossen (Žižek 2002: 114-115). Die Zirkulationsprozesse des Kapitalismus werden somit mit dem Lacanschen Unbewussten als reine Relation zwischen Signifikanten gleichgesetzt, deren Sinn es ist, das Subjekt über seine eigene fundamentale Begrenztheit (Tod) hinwegzutäuschen und dadurch Subjektivierung überhaupt erst, auf dem Wege des Selbstirrtums, zu ermöglichen (vgl. Lacan 1978: 215-228; Lacan 1977 [1956]). Die Wahrheit des Kapitalismus, d.h. seine Möglichkeit der imaginären Selbstrepräsentation, liegt in seinem Selbstirrtum beschlossen, von gesellschaftlichen Rahmenbedingungen vollständig unabhängig zu sein. Žižek bedient sich der Lacanschen Terminologie mit dem Ziel, die imaginäre Totalität des Kapitals aus den Fiktionen heraus zu beleuchten, die sie erst ermöglichen. Aus diesem Blickwinkel liegt die kulturelle Bedeutung des Informationskapitalismus nicht in seiner Symbolzentrierung, die in vielen Arbeiten herausgestellt wird (Castells 1996; Baudrillard 1992, 2000; Albert et al. 1999), denn diese Zentrierung ist bereits der Zirkulation von Geld als symbolisch verdinglichte Arbeitszeit inhärent. Die kulturelle Bedeutung des Informationskapitalismus liegt vielmehr darin beschlossen, dass in ihm die "phantasmatische" Dimension des Kapitalismus zu ihrer vollen Entfaltung kommt: "vielleicht erreicht der real-existierende Kapitalismus erst heute im globalen Kapitalismus seiner 'postindustriellen' digitalisierten Form, mit Hegel zu sprechen, die Ebene seines Begriffs" (Žižek 2002: 107).

Ich fasse die Überlegungen dieses Abschnitts zusammen. Die Gebrauchsweisen des Begriffs des Imaginären, wie sie von den gerade besprochenen theoretischen Ansätzen repräsentiert werden, stimmen sicherlich nicht vollständig miteinander überein. Arbeiten, die in der Tradition Castoriadis' stehen, stellen den eine abstrakte Kollektivität konstituierenden Aspekt des Imaginären in den Vordergrund, während Žižek im Anschluss an Lacan das Imaginäre vielmehr im Kontext der Abschattung bestimmter Aspekte der gesellschaftlichen Realität sieht. Dennoch meine ich, dass es einen gemeinsamen Nenner in diesen Ansätzen gibt, der dazu dienen kann, die theoretische Frage nach der kulturellen Bedeutung der Finanzmärkte für die Repräsentation der Gesellschaft zu präzisieren, zu historisieren und auf dieser Grundlage die empirischen Ergebnisse aus Kapitel 2 zu reinterpretieren. Beide Argumentationslinien versuchen, Marx' Arbeiten zur kapitalistischen Zirkulation von Werten eine kulturelle Dimension abzugewinnen. Darüber hinaus sehen beide Ansätze diese Dimension durch eine repräsentationale Schließung charakterisiert, die sich jenen Zirkulationspraxen verdankt. Diese repräsentationale Schließung wird, allgemein gesprochen, in Begriffen der Relation zwischen dem Symbolischen bzw. der Signifizierung und dem Imaginären konzeptualisiert, wobei das Imaginäre auf der Grundlage des Symbolischen erwächst: auf der Basis einer Zirkulation von Zeichen, die sich als Bedeutungsträger wechselseitig konstituieren. Die Signifikanten des Finanzmarktes – Geld als Kapital – verweisen somit nicht primär auf das, was sie in einer denotativen Beziehung bezeichnen (d.h. „unterliegende" Werte), sondern auf andere Signifikanten, wobei die ständige Kette von Verweisen durch die Zirkulation von Geld-als-Kapital perpetuiert wird; und genau hierdurch wird die unterliegende gesellschaftliche Realität aus der symbolischen Repräsentation ausgeschlossen. In dieser Fiktivität der kapitalistischen Zirkulation, die die Illusion nährt, Kapital verweise auf nichts als sich selbst, und damit in einem Zug die imaginäre Totalität des Kapitals hervortreten lässt und ihre gesellschaftliche Bedingtheit verschließt, lokalisieren beide Ansätze die paradigmatische Bedeutung des Marktes und besonders der Finanzmärkte für die Gegenwartsgesellschaft, denn hier erreichen die Zirkulationspraxen, die der Emergenz der imaginären Repräsentation zugrunde liegen, eine idealtypische Ausprägung.

Aus Sicht dieser Überlegungen ist das Verhältnis der in der Einleitung kurz referierten Einbettungs- bzw. Entkopplungsthesen in der Soziologie der Finanzmärkte neu zu bewerten. Die vorherrschende Wahrnehmung, dass diese beiden Thesen einander entgegesetzt seien, reproduziert nämlich im Effekt die repräsentationale Schließung, die den Informationskapitalismus kennzeichnet. Im Gegensatz zu beiden Theoremen wird hier der gesellschaftlich und kulturell relevante Vorgang darin gesehen, dass die institutionelle *Einbettung* des Marktes genau durch eine symbolische *Entkopplung*, die ein repräsentationaler Effekt der beständigen Zirkulation von Geld-als-Kapital ist, *abgeschattet* wird.

Auf der Grundlage dieser Diskussion lässt sich nun die Frage nach der kulturellen Bedeutung des Prinzips der langfristigen Rationalität und Effizienz von Finanzmärkten neu stellen. Im Lichte der obigen Betrachtungen liegt es nahe, diese Vorstellung, die sowohl in den Interviews als auch in der Finanzökonomik besteht, als eine imaginäre Repräsentation des Marktes als definierendem Merkmal des Gesellschaftlichen zu deuten. *Langfristrationalität ist die „imaginäre Zeit" der Finanzwirtschaft.*[28] Lee und LiPuma argumentieren, dass die Praxen des Finanzmarktes die Repräsentanz einer neuen Totalität des Kapitals emergieren lassen, die sich vollständig von den zugrunde liegenden sozialen Realitäten abgelöst habe. Auf der Grundlage des in dieser Studie untersuchten Interviewmaterials muss man allerdings zu einem differenzierteren Schluss gelangen. Wie im letzten Kapitel gezeigt wurde, ist es die Vorstellung kurzfristig irrationaler und inwändig abgeschlossener Märkte, die in den Interviews als das emergente Resultat kurzfristig orientierter Praxen des Handel(n)s dargestellt wird. Diese durch die Kurzfristigkeit und Irrationalität der Erwartungen der Marktteilnehmer abgeschlossenen Märkte werden zum Ziel der Kritik der interviewten Finanzmarktprofessionellen. Eine solche Repräsentation marktlicher Totalität unterscheidet sich indes *inhaltlich* von der Totalität, die durch das imaginäre Konzept langfristiger Markteffizienz artikuliert wird, denn diese Konzeption greift auf den Bereich des Gesellschaftlichen aus, indem sie Finanzmärkte, Realökonomie und Gesellschaft als miteinander verbunden entwirft. Ihr finanztheoretisches Korrelat ist demnach auch nicht der mikroökonomische Chartismus oder der verhaltenspsychologische Ansatz, die sich als Praxistheorien der unmittelbar Handelnden zur Geltung bringen, sondern die neoklassische Finanztheorie, die implizit beansprucht, gesamtgesellschaftliche Verhältnisse abzubilden. Als imaginäre Repräsentation ist die Vorstellung langfristig rationaler und effizienter Finanzmärkte, auf der die RespondentInnen als „Normalität" insistieren, obwohl sie ihrem eigenen Bekunden nach nur sehr bedingt handlungsanleitend ist, daraufhin zu befragen, welche Aspekte der Beziehungen zwischen Finanzmarkt, Ökonomie und Gesellschaft sie gerade dadurch abschattet, dass sie als repräsentationale Totalität auftritt. Dazu ist es notwendig, sie eingehender mit der Repräsentanz kurzfristig irrationaler und inwändig geschlossener Märkte zu vergleichen und zu gesellschaftstheoretischen Begriffen von Reflexivität in modernen Gesellschaften in Beziehung zu setzen.

c) Zwei Markt-Zeiten und zwei Bedeutungen von Reflexivität

Die Spezifik der Repräsentation langfristig rationaler und effizienter Märkte wird kontrastiv deutlich, wenn man sich in Erinnerung ruft, auf welche Weise die Vorstellung eines Marktes von der Praxis des Preisvergleichs herrührt (s. Kapitel 1, Abschnitt b). Diese Vorstellung, die den kulturellen Aspekt des Rekursivitätsverhältnisses zwischen individuellen Tauschakten und marktlichen Signifikationsstrukturen (Preisen) darstellt, wird an den Finanzmärkten auf eine reflexive Ebene gehoben, weil dort die relativ amorphe Vorstellung des Marktes sich in die Repräsentation der Erwartungen der anderen Marktteilnehmer – also in Erwartungserwartungen – ausdifferenziert. Dies bezeichnet die kurzfristige, in den Interviews als irrational bezeichnete Logik der Preisbildung an den Finanzmärkten. Bereits Max Weber (1988 [1894]: 313-315) hatte nahe gelegt, dass an den Finanzmärkten die zukünftige Entwicklungen antizipierende spekulative Vernunft, spätestens seit der Verbreiterung der sozialen Basis des Börsenhandel(n)s und speziell des Terminhandels, notwendig eine Vorstellung des „Publikums" und dessen Erwartungshaltungen imaginieren müsse, weil die tatsächlichen Mechanismen der Preisbildung – die ständigen synchronen und diachronen Preisvergleiche – in ihrer Summe zu komplex geworden seien, um überschaut zu werden: Der Terminhändler „*spielt* eben ziemlich ins Blinde, einem dunklen Gefühl von der wahrscheinlichen Richtung der Preisbildung folgend, deren innere Gründe zu durchschauen ihm jede Bildung fehlt." (Weber 1988 [1894]: 313) Dieses „dunkle Gefühl", gerade weil es sich nicht auf Informationen stützt, die von außerhalb der Börse stammen, imaginiert eine inwändig abgeschlossene Markt-Welt, welche einzig aus den Erwartungserwartungen der anderen Marktteilnehmer emaniert. Die Repräsentation des kurzfristigen, irrationalen Finanzmarktes, der sich wie ein Tier gebärdet oder als ein Ozean vorgestellt wird, der ein „geistiges Surfen" abfordert (Respondent K), formt sich so zu einem eigenen, vom Rest der Gesellschaft repräsentational radikal abgeschlossenen Paralleluniversum, das direkt den Praktiken des finanzmarktlichen Tauschs entsteigt.

Im Unterschied dazu wird der langfristig rationale Markt als eine Totalität repräsentiert, die die Gesellschaft mit einbegreift und zu einer Chiffre für das Gesellschaftliche wird. Diese Chiffre erstreckt sich nicht nur auf das „Wesen" des Marktes selbst – nämlich effizient zu sein – sondern einbegreift und impliziert auch bestimmte Akteursmodelle, bestimmte Handlungsmodelle, schließlich bestimmte Vorstellungen von Gesellschaft und Vergesellschaftung. Dies zeigt bei-spielhaft die frühe neoklassische Finanzökonomik, die die langfristige Effizienz der Märkte begründen will. Ihr Akteurmodell folgt der Rational Choice-Theorie und hat zum Kern die Vorstellung eines *homo oeconomicus*; ihr Handlungsmodell entstammt ebenfalls diesem theoretischen Repertoire; ihr implizites Modell von Gesellschaft und Vergesellschaftung schließlich ist ein teleologischer Entwurf der Harmonisierung von Erwartungen, wie in der „rational expectations proposi-tion" zum Ausdruck gebracht wird (s. Kapitel 3, Abschnitt a; Best 2003). Gerade an letzterer Hypothese zeigt sich, wie sich die Vorstellung des Marktes hin zur Gesellschaft öffnet oder, richtiger, ihre Repräsentationsform auf das Gesell-schaftliche überträgt: obwohl die „rational expectations proposition" sich, wie die von den RespondentInnen kritisierten kurzfristigen und irrationalen Markt-kalküle, einzig auf die Erwartungen der anderen Marktteilnehmer bezieht, eröff-net sie doch eine teleologische Perspektive, die letztendlich Fragen gesellschaftli-cher Integration mitverhandelt.

Es handelt sich bei dem finanztheoretischen Modell langfristiger Markteffizienz somit um eine Verlängerung des von Taylor (2002) in den Blick genommenen sozialen Imaginären des Marktes, das für moderne Gesellschaften charakteris-tisch ist und den gesellschaftlichen Zusammenhalt aus dem Ineinandergreifen der Handlungen einzelner, auf ihren Vorteil bedachter Individuen ableitet. Die Repräsentanz des langfristig rationalen Finanzmarktes ist hyperreal: sie ist nicht, wie die Repräsentanz kurzfristiger Irrationalität, vom Rest der Gesellschaft radi-kal unterschieden, sondern bezieht ihre Überzeugungskraft gerade aus dem Vermögen, das Gesellschaftliche *entgegen der Erfahrung* mit zu imaginieren.

Diese beiden Repräsentationen der Markt-Zeit lassen sich in heuristischer Ab-sicht mit zweierlei Begriffen von Reflexivität in Verbindung bringen. Reflexivität in Giddens' Sinne (s. Kapitel 1, Abschnitt e) meint die subjektive Bewusstwer-dung und soziale Artikulation von bislang habituell oder strukturell verfestigten Zusammenhängen und Prozessen und die Rückwirkung jener Repräsentationen auf diese Zusammenhänge und Prozesse, die sie darstellen. Die Repräsentation von Kurzfristlogik an den Finanzmärkten, gemäß der diese eine Gegen-Welt dar-stellen, ist als ein empirisches Beispiel eines solchen Einholens struktureller Re-flexivität auf dem Gebiet der kulturellen Repräsentation aufzufassen: sie reprä-sentiert das Eingreifen der Bewusstwerdung und Artikulierbarkeit der Mecha-nismen der Preisbildung in die Preisbildung selbst.

Die Repräsentation langfristig rationaler und effizienter Finanzmärkte als „Nor-malfall" hingegen steht in ihrer repräsentationalen Dynamik eher im Kontext von Taylors und Gaonkars Verwendungsweise des Begriffs Reflexivität, nämlich i.S. von *Selbstbezüglichkeit*. Es handelt sich hier nicht um eine reflektierende Erfas-sung sozialer Zusammenhänge mit dem unintendierten Resultat ihrer Unterlau-fung, sondern im Gegenteil um das Entstehen einer selbstbezüglichen Repräsentanz gesellschaftlicher Zusammenhänge aus sozialen Praxen. Diese Repräsentanz hat einen totalen Bezeichnungsanspruch, lässt aber gerade durch diesen Anspruch bestimmte Zusammenhänge im Nicht-Repräsentierten. Die Repräsentation des rationalen und effizienten Marktes und seiner imaginären Zeit nimmt auf diese Weise die Qualität einer totalen Chiffre des Gesellschaftlichen an.

Das Spannungsverhältnis zwischen Kurz- und Langfristlogik, wie es sich in den Interviews zeigt, ist somit ein Widerstreit zwischen zwei gesellschaftlichen Modi von Reflexivität: einem partikularen und einem allgemeinen; einem der Echtzeit-Handlungsfolgen, die sich zu einem finanzökonomischen Paralleluniversum abschließen, und einem der imaginären Einheit des Gesellschaftlichen im Finanzmarkt. Diese zwei Modi der Reflexivität verweisen darauf, dass die kulturelle Bedeutung der Finanzmärkte nicht nur innerhalb des Rahmens gegenwärtiger gesellschaftlicher Problematiken zu verhandeln ist, sondern kraft ihres *imaginären Charakters* auf die historische Tiefendimension des westlichen Modernisierungstrajekts bezogen ist.

Die Diagnose Giddens', die sich mit zeitgenössischen Theoremen zur „Wissensgesellschaft" und zur dadurch bedingten Entwertung exklusiver (etwa professioneller) Wissensformen deckt (s. Klatetzki/Tacke 2005), bildet somit nur *eine* Perspektive auf die Entwicklung des kulturellen Haushalts von Gesellschaften der „reflexiven Moderne". Der alternative Gebrauch des Begriffs der Reflexivität im Sinne von Selbstbezüglichkeit macht auf die Kehrseite und die historische Verankerung jenes Prozesses aufmerksam: die Emergenz kollektiver Vorstellungen aus alltäglichen, nicht-reflektierten Praxen. Dies gibt Anlass zur Vermutung, dass jenes von der Theorie der reflexiven Moderne in den Blick genommene Einholen struktureller Reflexivität auf kulturellem Gebiet nicht ohne einen Bezug auf imaginäre „rational abstractions" (Spivak 1993: 237) zu denken ist, deren Geltung in modernen Gesellschaften typischer Weise aus Praxen der Zirkulation emergiert. Während Giddens' Theorem das Ende traditionaler Geltungsansprüche in reflexiv-modernen Gesellschaften auf seine Bedeutung hin *befragt*, stellen imaginäre Repräsentationen der Nation, der öffentlichen Meinung oder des Marktes eine *Antwort* auf die Delegitimierung traditionaler Geltungsansprüche dar, denn ihre Emergenz ist selbst schon eine Absage an traditional-parochiale Formen der Legitimation. Die Idee einer „Nation", an der Mitglieder eines politischen Kollektivs durch „kollektive Identität" kulturell teilhaben, konnte erst ab dem Punkt von Belang sein, da sich die Vorstellung von einer solchen Nation an soziale Praxen in den historisch westlichen Gesellschaften anlagerte: Symbolzirkulation in Form von Belletristik, Journalistik und Briefwechseln. Die Vorstellung eines nationalen Publikums brauchte in diesen Kommunikationen nicht erst expliziert zu werden, da es durch die schiere Praxis der Zirkulation vorausgesetzt wurde und als imaginäre Evidenz in die Welt trat. Für solche imaginäre Bedeutungen gab die Emergenz der Vorstellung eines „Marktes" das Muster ab, denn diese Vorstellung ging aus der sozialen Praxis des Tauschs mittels eines generalisierten Tauschmediums hervor, das, für sich genommen, nichts als sich selbst bezeichnet. Die historische Amalgamierung imaginärer Repräsentationen kollektiver Subjektivität der Nation und des Marktes findet ihren intellektuellen Ausdruck in Adam Smiths (1986 [1774]) Werk „The Wealth of Nations", weil in diesem Werk die Nation − das politische Kollektivsubjekt − sich über die in Tauschakten stattfindende Zirkulation von Gütern manifestiert.

Die Imagination langfristig rationaler und effizienter Märkte steht somit im historischen und kulturellen Kontext der Emergenz von rahmengebenden Vorstellungen kollektiver Subjektivität aus Praxen der Zirkulation. Dagegen stellt die Repräsentation der Finanzmärkte als kurzfristig dynamisierte und irrationale Gebilde eine konkrete kulturelle Artikulation sozialer Reflexivität in hochdifferenzierten Gesellschaften dar. Es bleibt zu klären, welche nicht nur epistemische, sondern kulturelle und soziale Bedeutung jene Entgegensetzung zwischen zwei Modi der Reflexivität hat.

d) Die Metonymie der Langfristigkeit als Fiktion des Informationskapitalismus

Es wurde argumentiert, dass die Repräsentation langfristig effizienter und rationaler Märkte eine selbstbezügliche, und in diesem Sinne reflexive, sozialen Praxen des Tauschs entstiegene Repräsentanz gesellschaftlicher Zusammenhänge darstellt. Diese Repräsentanz ist ebenso abstrakt wie fiktiv und konstituiert kraft dieser Eigenschaften eine gesellschaftliche Realität.

Abstrakt ist sie, weil sie in universalen Gesetzmäßigkeiten begründet wird, die zur beobachtbaren finanzmarktlichen Realität in einem deduktiven Verhältnis stehen. Die Langfristrationalität der Finanzmärkte ist der Kerngedanke neoklassischer Finanztheorie (s. Kapital 3, Abschnitt a). Sie trägt dazu bei, dass sich Finanzmarktprofessionelle als Professionelle im soziologischen Sinne adressieren können. Fiktiv ist diese Repräsentanz deswegen, weil sie nicht dazu dient, Handeln anzuleiten. Es wurde gezeigt, dass die interviewten Finanzprofessionellen an der Vorstellung langfristig rationaler Märkte festhalten, obwohl es kurzfristig orientierte Praxen des Handel(n)s sind, die ihren beruflichen Alltag prägen.

Kraft ihrer Fitkivität und Abstraktheit bildet die Repräsentanz langfristig rationaler und effizienter Finanzmärkte eine gesellschaftliche Realität. Langfristigkeit und Effizienz konstituieren einen symbolischen Zusammenhang zwischen Prozessen, die an den Finanzmärkten stattfinden, und solchen außerhalb der Finanzmärkte. Langfristrationalität verweist metonymisch auf eine gesellschaftliche Totalität, d.h. sie repräsentiert diese Totalität, *pars pro toto*, durch die Darstellung eines ihrer Teile.

Der fundamentale Unterschied zwischen der repräsentationalen Logik von Kurz-frist- und Langfristrationalität der Finanzmärkte gleicht dem zwischen Metapher und Metonymie. Kurzfristig irrationale Märkte werden in einer Weise repräsen-tiert, *als ob* es sich bei ihnen um eine eigenen Gesetzen gehorchende, vom Rest der Gesellschaft radikal abgegrenzte Welt handelte. Knorr Cetinas und Brueggers These, die Finanzmärkte *seien* für die Handelnden eine eigene Welt, ist also aus repräsentationstheoretischer Perspektive dahin gehend zu reformulieren, dass die Repräsentanz kurzfristiger Irrationalität metaphorisch für eine eigene Gegen-Welt, die der „normalen" entgegengesetzt ist, *einsteht*. Kurzfristiges Handeln an den Finanzmärkten orientiert sich an den irrationalen Spielregeln dieser Welt, als ob es reale *seien*, aber es unterstellt keine gesellschaftliche Totalität als *real existie-rend*. Dies bezeugen die Formulierungen, welche die RespondentInnen wählen, wenn sie diese Aktivitäten beschreiben: es geht um ein „Spiel", darum, „es sport-lich zu sehen", oder um den Versuch, den Markt zu „bändigen", ihn zu „reiten". Die kurzfristige Welt des irrationalen Marktes, obwohl sie höchst reale Konse-quenzen zeitigt, ist hinsichtlich ihrer Sinnstruktur in der Tat eine spielerische und eine widerrufbare. Dies zeigt sich empirisch auch darin, dass dieser irrationale Markt gemäß der Deutungen der RespondentInnen nicht selbstkonstitutiv ist, sondern von den Klienten und den Unternehmen heraufbeschworen und her-beigeführt wird (s. Kapitel 2, Abschnitt e).

Der Repräsentation langfristiger Rationalität fehlt diese fundamentale Nichtiden-tität zwischen Darstellendem und Dargestellten, die das Spiel kennzeichnet, weil die repräsentationale Logik nicht das eine für das andere, sondern einen Teil des Ganzen für das Ganze einsetzt. Aus repräsentationslogischer Sicht muss daher die Verwendung des Begriffs „Metapher" durch Taylor (2002) zur Bezeichnung der Imagination des Marktes als Modell des Gesellschaftlichen zurückgewiesen werden. Die Imagination langfristig rationaler Märkte gibt einer bestimmten Vorstellung von Gesellschaft nicht nur das Modell, sondern *ist* in einem sehr radikalen Sinne eine empirisch-kulturelle Manifestation des Gesellschaftlichen: die Langfristlogik des Finanzmarktes ist der definierende Teil der imaginären gesellschaftlichen Totalität.[29] „Langfristig gesehen" ist der Markt somit nichts weniger als ein Spiel, sondern „eine soziale Tatsache im Durkheimschen Sinne. Die Repräsentanz langfristiger Rationalität ist daher zwar einerseits abstrakt und fiktiv, konstituiert andererseits aber gesellschaftliche Realität in einem viel fun-damentaleren Sinne als die Vorstellung kurzfristig irrationaler Märkte.

Die kulturelle Bedeutung langfristiger Finanzmärkte als metonymische Repräsen-tanz des Gesellschaftlichen stellt sich aber erst dann zur Gänze dar, wenn man den Begriff der Metonymie weiter gehend theorisiert. Dies ist vor allem in der Literaturtheorie und hier insbesondere in der postkolonialen Literaturkritik ge-schehen (s. Langenohl 2007, Kapitel 5). Eine ihrer grundsätzlichen Argumentati-onsfiguren besteht darin, dass zur Analyse kolonialer und postkolonialer Darstel-

lungsformen die Terminologie der Metapher durch die der Metonymie zu ersetzen sei, weil durch letztere die diskursive Herrschaftsbeziehung zwischen den
imperialen Zentren und den Kolonien gefasst werden könne (s. Ashc-
roft/Griffiths/Tiffin 1989: 54, 61-63). In den Analysen Homi Bhabhas zur litera-
rischen Repräsentation der kolonialen Begegnung fungiert dieses Argument als
zentrale Interpretationsfigur. So sei etwa die Darstellung von im britischen Er-
ziehungssystem sozialisierten indigenen Eliten in den Romanen Thomas B. Ma-
cauleys als eine metonymische Verweisstruktur zu betrachten: Diese Darstellung
sei nicht als eine metaphorische oder allegorische Darstellung der Kolonien und
der Kolonisierten zu verstehen, sondern als eine Metonymie der metropolitanen
(imperialen) Gesellschaft selbst, weil die kolonialen Subjekte diese Gesellschaft
nur *unvollständig* repräsentieren könnten. Obwohl sie in ihren, in der Metropole
angeeigneten, Sitten und Redeweisen die Vorherrschaft und den Erfolg der britischen Gesellschafts- und kulturellen Ordnung repräsentierten, täten sie dies
doch „not quite", d.h. in einer nicht explizit genannten unvollständigen Art und
Weise (Bhabha 1994 [1987], 1990). Die kulturelle Facette der kolonialen Herrschaftsbeziehung wird somit einerseits darin erblickt, dass die angebliche Überlegenheit der imperialen Kultur sich in ihrer Imitation durch die Kolonisierten –
die indigene Elite – vindiziert, und andererseits darin, dass die Alterität der kolonisierten Subjekte auf einen genau bestimmbaren und daher diskursiv beherrschba-
ren Ort komprimiert wird: die notwendige Unvollkommenheit der Imitation der
westlichen Sitten, das *not quite*. Genau hier wird aber auch die Ambiguität des
Zwangs zur Imitation als Wissens- und Herrschaftstechnik gesehen, denn die
Kolonisierer seien bei ihrer Ausübung auf die Mithilfe der Kolonisierten angewiesen: diese müssten als Teil-Subjekte anerkannt und mit Begehren nach Nach-
ahmung und beobachtenden Blicken ausgestattet werden. Daraus folgert Homi
Bhabha eine systematische und unhintergehbare Mangelhaftigkeit des metonymischen Diskurses angesichts seines totalen Repräsentationsanspruchs. Dies lenkt
den Blick auf die *empirischen Voraussetzungen* dafür, dass jener totale Repräsentationsanspruch trotz seiner inhärenten Mangelhaftigkeit gewahrt bleiben kann.

Der Bezug auf postkoloniale Literaturkritik mit dem Ziel, die Repräsentations-
dynamik des gegenwärtigen Finanzkapitalismus deutlich zu machen, ist alles andere als abwegig. Man rufe sich in Erinnerung, dass der Begriff der „Kolonialisierung" in der kritischen Sozialwissenschaft zum Einsatz gebracht wird, um die
kulturellen Aspekte der durch kapitalistische Ökonomien installierten Be-
herrschtheitsformen herauszuarbeiten. Gemeint ist hier Jürgen Habermas' These
von der „Kolonialisierung der Lebenswelt" durch die sich zu sozialen Subsyste-
men verdichtenden Handlungszusammenhänge innerhalb kapitalistischer Ökonomie und politischer Administration. Habermas zufolge ist die gegenwärtige
Form des Kapitalismus nicht durch eine soziale Bewegung herausforderbar, die
sich entlang von Klassenunterschieden konstituieren würde, denn die „aus der
Lebenswelt ins System verschobene Klassenstruktur verliert ihre historisch

greifbare Gestalt" (Habermas 1995: II, 512). Dies bedeutet, dass kollektiv-identitäre Formen der Repräsentation von Ausbeutung, wie sie von der Marx-schen Analyse fehlenden Klassenbewusstseins vorausgesetzt werden, im syste-misch verdichteten Kapitalismus nicht mehr erwartbar und somit auch nicht Ge-genstand einer als kritisch intendierten Darstellung des Verhältnisses zwischen Wirtschaft und Gesellschaft sein können (Habermas 1995: II, 522). Stattdessen müsse sich das kritische Augenmerk auf Deformationen der kulturellen Repro-duktion der Lebenswelt selbst richten, die durch versteckt in sie eindringende Mechanismen der Systemintegration hervorgerufen würden. An dieser Stelle der Argumentation expliziert Habermas seine Verwendungsweise des Begriffs der Kolonialisierung:

> An die Stelle des „falschen" tritt heute das *fragmentierte* Bewußtsein, das der Aufklärung über den Mechanismus der Verdinglichung vorbeugt. Erst damit sind die Bedingungen einer *Kolonialisierung der Lebenswelt* erfüllt: die Imperative der verselbständigten Subsysteme dringen, sobald sie ihres ideologischen Schleiers entkleidet sind, *von außen* in die Lebens-welt – wie Kolonialherren in eine Stammesgesellschaft – ein und erzwingen die Assimila-tion; aber die zerstreuten Perspektiven der heimischen Kultur lassen sich nicht soweit koordinieren, daß das Spiel der Metropolen und des Weltmarktes von der Peripherie her durchschaut werden könnte. (Habermas 1995: II, 522)

Die kulturellen Auswirkungen des Kapitalismus auf die Gesellschaft liegen für Habermas also darin beschlossen, dass Bewusstsein und Intersubjektivität in ih-rer Autonomie gestört werden – eine schwerwiegende Störung, da in Habermas' Theoriemodell die Möglichkeit gesellschaftlicher Rationalisierung eine Rationali-sierung lebensweltlicher Kommunikation zwingend voraussetzt (vgl. Habermas 1990: 208). Die Lenkung der Aufmerksamkeit auf jene individuellen Bewusstsei-ne und die intersubjektiven Kommunikationen, die sich zwischen ihnen ent-spannen, hängt letztlich mit Habermas' Marx-Rekonstruktion zusammen, in der der Begriff der „Ideologie" nicht auf kulturelle Repräsentationen, sondern auf Bewusstseinsstrukturen bezogen wird (s. Habermas 1995: II, 494-504). Deswe-gen stellt sich für Habermas die durch die Kolonialisierung der Lebenswelt her-gestellte Beherrschtheit nicht als eine – im Sinne der Diskurstheorie französi-scher und postkolonialer Prägung – hegemoniale (Selbst-)Repräsentation der Ökonomie dar, sondern als eine Hintergehung der bewussten Subjekte, denen nicht die Mittel zur Verfügung stehen, um die „Assimilations"-Bestrebungen der subsystemischen Mechanismen zu durchschauen. Dass diese Bestrebungen selbst nicht selbstverständlich und über jeden Zweifel erhaben, sondern vorausset-zungsvoll sind, weil sie an eine bestimmte Darstellungsweise ihrer selbst gebun-den sind, die der Stabilisierung bedarf, kann somit nicht zum Bestandteil seiner Theorie werden.

Deswegen ist die Interpretationsgrundlage der Kolonialisierung durch die Öko-nomie, die durch die repräsentationstheoretische Figur der Metonymie gelegt wird, fundierter und vielschichtiger als die These der Störung individueller Bewusstseine und intersubjektiver Kommunikation durch etwas ihnen Nicht-Repräsentierbares. Sie setzt die Assimilationsmacht der Kolonisierer – also des Marktes – durch die Annahme ihrer Nicht-Repräsentanz nicht einfach voraus, sondern fragt nach den Bedingungen, die erfüllt sein müssen, damit eine bestimmte Repräsentation dieses Marktes stabil gehalten werden kann.[30] Während sich für Habermas das Problem der Repräsentation des Marktes gar nicht stellt, macht eine repräsentationstheoretische, mit dem Konzept der Metonymie arbeitende Perspektive auf die (Selbst-)Bezeichnungspraxis des Marktes deutlich, dass die kulturelle Assimilationskraft des Marktes an Voraussetzungen geknüpft ist, die sich in der Struktur der Repräsentation des Marktes widerspiegeln.

Die metonymische Repräsentation langfristiger, imaginärer Markt-Zeit ist, im Anschluss an die bisherigen Überlegungen, somit durch folgende Merkmale gekennzeichnet. Erstens steht sie dem eigenen Anspruch nach nicht nur in einem re-präsentationalen Verhältnis zur Welt, sondern *präsentiert* die Welt und löscht daher die Nichtidentität zwischen dem Signifikanten und dem Signifikat aus. In diesem Sinne präsentiert die Imagination langfristig rationaler Märkte die Gesellschaft als Ganze: es handelt sich um eine Weltanschauung. Zweitens bleibt die Nichtidentität zwischen Signifikant und Signifikat dennoch subkutan vorhanden, weil die Präsentation ein Element des Nichtrepräsentierten aufweisen muss, denn die Metonymie signifiziert ja das Ganze bloß durch eines seiner Teile, hier also die Gesellschaft durch den langfristig rationalen Markt. Damit wird drittens dieser nichtsignifizierte Teil zum definierenden Kriterium der metonymischen Beziehung, d.h. sie erhält ihre kulturelle Bedeutung nicht dadurch, was sie beansprucht zu bezeichnen, sondern dadurch, was sie kraft ihrer Struktur notwendigerweise *nicht* bezeichnet. Viertens schließlich ist die metonymische Beziehung in ihrem diskursiven, d.h. machtkonstitutiven Aspekt grundsätzlich prekär, weil das Objekt der Bezeichnung, das die Metonymie tragen soll – hier also die Märkte – als solches sozusagen Einspruchsrecht erhält (welches, wie im nächsten Abschnitt gezeigt wird, bei der an Finanzmärkten notorisch beobachtbaren kurzfristigen Irrationalität liegt).

Die imaginäre Repräsentation der Gesellschaft durch die Metonymie der langfristig rationalen Finanzmärkte konstituiert also, als fiktiv und abstrakt, eine symbolische Realität, die durch eine repräsentationale Leerstelle definitorisch gekennzeichnet ist. Die scheinbar selbstbezügliche Emergenz von Kollektivsubjektivität aus den Praxen der Zirkulation von Wert – Tausch – schattet bestimmte Bedeutungselemente ab und macht diese zu, durch die Symbolzirkulation, unbezeichneten Leerstellen.

Die Frage ist, worin diese Leerstelle besteht, die kraft der Metonymie langfristig rationaler Märkte unbezeichnet bleiben muss. Die Imagination solcher Märkte präsentiert eine Gesellschaft, in der Verläufe eigentlich vollkommen absehbar sein *müssten*. Die imaginäre Zeit des rationalen Marktes bezieht die Zukunft teleologisch auf die Gegenwart. Daher kann die These der Langfristrationalität auch nicht handlungsanleitend sein, weil Langfristrationalität sich per definitionem selbst umsetzen muss. Die Leerstelle – also das, was in dieser Repräsentanz des Finanzmarktes unbezeichnet bleibt – sind die *Erwartungen der Marktteilnehmer und die ihnen unterliegenden Normen und Motive*. Das abstrakte Wissen um die Zukunft, das von den Finanzprofessionellen in den Interviews herausgestellt wird, tritt an die Stelle normativ abgesicherter und motivational auf die Zukunft gerichteter Erwartungen und ermöglicht die Begründung eines Handel(n)s am Markt, das kraft seiner Motivlosigkeit und Nichtnormiertheit – seiner Erwartungslosigkeit – *rational* ist. Das professionelle Selbstkonzept, das sich auf jenes Wissen beruft, imaginiert die Teilhabe an einem Prozess, der automatisch abläuft. Avisiert wird somit ein performatives Eintreten in die Modellierung der neoklassischen Finanztheorie (s. Kapitel 3, Abschnitt a) durch die Ausschaltung der normativen und motivationalen Kontingenz der Erwartungen von Marktteilnehmern aus der professionellen Artikulation der Marktdynamik.

In diesem Zusammenhang ist auch die Differenzierung zu sehen, die Lee/LiPuma (2002) an der Listung moderner gesellschaftlicher Imaginationen durch Charles Taylor (2002) vornehmen: Ihnen zufolge unterscheidet sich der imaginäre „Markt" von der ebenso imaginären „Nation" oder der „öffentlichen Meinung" in dem Punkt, dass er nicht mit der Vorstellung einer „first person singularity" verknüpft sei, d.h. nicht mit einem Kollektivsubjekt, das sich durch Erwartungen, Normen und Motive konstituiert. Ganz in diesem Sinn präsentiert die imaginäre Zeit des langfristig rationalen Marktes, wie sie sich in den analysierten Interviews mit Finanzmarktprofessionellen darstellt, eine selbstregulierende Gesellschaft ohne Subjektivität. Sie ist eine professionelle Fiktion nicht nur deswegen, weil in ihr auf abstrakte Wissensbestände und professionelle soziale Beziehungen verwiesen wird, sondern weil die Kontingenz von Erwartungen, Motiven und Normen darin unbezeichnet bleibt. Präsentiert wird somit eine Welt, in der Handel(n) *sans phrase* den ultimaten Ort der gesellschaftlichen Utopie darstellt: Weisen des Handel(n)s, die, um mit Taylor (2002: 101) zu sprechen, „we are ‚programmed' for, which have systematically beneficent results for the general happiness, even though these are not part of what is intended in the action or affirmed in the attitude."

e) Die Stabilisierung imaginärer Rationalität durch die Repräsentation kurzfristiger Irrationalität

Die Erwartungen, Motive und Normen, die Handel(n) an den Finanzmärkten kennzeichnen, sind das, was in der Metonymie der langfristigen Finanzmärkte – der imaginären Markt-Zeit – als definierendem Teil der Gesellschaft unbezeichnet bleibt. Die Funktion dieser Metonymie bei der Bestimmung professionellen Handelns und der Selbstkonzepte von FinanzmarktexpertInnen besteht darin, dass sie die Fiktion ermöglicht, gleichsam ohne Erwartungem, Normen und Motive in den Markt eintreten zu können. Das Dilemma oder die Krise, auf die diese Repräsentation antwortet und die sie doch zugleich immer weiter perpetuiert, ist die *kulturelle Prekarität professioneller Handlungsmöglichkeiten* angesichts der Finanzmärkte (s. Kapital 2, Abschnitt e). Einerseits verweist imaginäre Zeit auf Bestände abstrakten Wissens, die das Handeln der Finanzprofessionellen an gesellschaftliche Normen rückbindet. Andererseits schreibt dieses Wissen inhaltlich eine Erwartungsfreiheit, Nichtnormiertheit und Nichtmotiviertheit von Handel(n) als solchem vor und untergräbt gerade dadurch die Legitimität professionellen Handel(n)s. Dieses Dilemma, professionelle Selbstkonzepte normativ begründen zu sollen, während das Referenzwissen die Faktizität der Normierung bestreitet, bringt die fundamentale Prekarität finanzprofessionellen Handel(n)s an den Finanzmärkten und allgemeiner die Prekarität normorientierten Handelns in marktförmigen Kontexten zum Ausdruck. Der repräsentationale Ausfallschritt, der dieses Dilemma überwindet, stützt sich auf die metonymische Struktur imaginärer Langfristrationalität, die jenes Dilemma schlicht de-präsentiert: Die grundsätzliche Prekarität professionellen Handel(n)s an den Finanzmärkten wird dadurch ausgeblendet, dass die Erwartungen, Normen und Motive, die Markthandeln anleiten, in der Teleologie der langfristig rationalen Märkte neutralisiert werden.

Die kulturelle Bedeutung von Langfristrationalität liegt in ihrer Eigenschaft, die Gesellschaft total zu bezeichnen, aber gleichzeitig den Finanzmarkt als uneinholbare Avantgarde der Prinzipien des Gesellschaftlichen auszuzeichnen, weil an ihm Handeln ohne Erwartungen möglich ist. Dies ist das kulturelle Korrelat der von Habermas (1995 [1981]) festgehaltenen Kolonialisierung der lebensweltlich erfahrbaren Gesellschaft durch die Systemlogik des Marktes: diese stellt sich, als kulturelle Repräsentation, dar als eine Metonymie der Gesellschaft und kennzeichnet diese doch gleichzeitig als defizitär – als *not quite* (Bhabha 1994 [1987]) – im Vergleich zu der Umsetzung unmotivierten und nichtnormierten Handel(n)s an den Finanzmärkten. Dieses *motivierte und normierte* Handeln wird stattdessen in Form der kurzfristigen und irrationalen Gegen-Welt der Börse repräsentiert, die von den Finanzmarktprofessionellen so heftig kritisiert wird. Jene metaphorische Gegen-Welt, deren Reflexivität gerade durch die Kaskaden der Erwartungserwartungen der Marktteilnehmer ins Werk gesetzt wird, stabilisiert die Metonymie langfristiger imaginärer Markt-Zeit und ihren Anspruch der totalen Repräsentation der Gesellschaft, indem sie die Irrationalität, Reflexivität und Unbeherrschbarkeit der Finanzmärkte auf sich zieht. Die metonymische Repräsentation des Gesellschaftlichen auf der Grundlage der Fiktion langfristiger Effizienz ist repräsentationslogisch auf die Denuzierung kurzfristiger Irrationalität *angewiesen*.

Der soziale Sinn der Fiktion langfristiger Rationalität und Effizienz der Finanzmärkte und ihre Gegenüberstellung mit der verkehrten Welt kurzfristig irrationaler Börsen besteht somit darin, die Gesellschaft als einen noch unvollkommenen Markt zu entwerfen. Die Beziehung zwischen den Repräsentationen langfristiger und kurzfristiger Marktlogiken ist dabei eine der doppelten Verschiebung. Einerseits wird die Prekarität der Bezeichnung der Gesellschaft durch die Metonymie des langfristig rationalen Marktes dadurch abgefangen, dass die Kontingenz der Motive und Normen finanzmarktlichen Handeln(n)s auf kurzfristig orientierte, irrationale Subjektivitäten und deren Erwartungserwartungen verschoben wird. Es handelt sich um ein *othering* von Erwartungen, Motiviertheit und Normierung, die gierigen Klienten und schlecht geleiteten Unternehmen zugeschrieben wird. Andererseits annulliert die Vorstellung finanzmarktlicher Langfristigkeit die Relevanz struktureller Reflexivität, wie sie in der Vorstellung kurzfristiger Märkte manifestiert ist: Die Fiktion der Langfristigkeit schiebt die Notwendigkeit der Überführung struktureller in kulturelle Reflexivität gleichsam ewig auf, weil die Zukunft des Langfristigen von der Gegenwart aus niemals definiert werden kann, sondern immer nur retrospektiv. Die imaginäre Zeit der Langfristrationalität ist eine Abstraktion nicht deswegen, weil sie im professionssoziologischen Sinne in konkreten Anwendungen spezifiziert werden müsste, sondern deswegen, weil sie sich einer solchen Spezifizierung in irgendeine klare Temporalitätsordnung *widersetzt*. Als Repräsentation des Zukünftigen wird sie stets nur in Relation zur Gegenwart artikuliert. Daher kann sie auch nicht empirisch widerlegt werden, sondern wird ständig in eine zukünftige rationale und effiziente Marktkonstellation vorverlegt, zu der die Märkte irgendwann „zurückkehren" werden.

Diese fiktive Langfristrationalität, die die unerbittliche Sofortigkeit finanzmarktlichen Entscheidungsdrucks gleichsam repräsentational abfedert und neutralisiert, hat die Qualität einer *enabling fiction*. Es handelt sich um eine Vorstellung, deren Anwendbarkeit von konkreten finanzmarktlichen Praxen ständig durchgestrichen wird, die aber zur sinnhaften Rahmung dieser Praxen durch ihre *kontrafaktische Geltung* entscheidend beiträgt. Hieraus erklärt sich auch die Rolle von Repräsentationen der Vergangenheit für die kulturelle Bedeutung der Finanzmärkte, denn die Erinnerung vergangener Börsendynamiken bürgt für die retrospektive Verifizierung imaginärer langfristiger Marktrationalität und Markteffizienz. Die Bezüge auf die historische „Tulpenzwiebelspekulation" oder die „Südsee-Bubble", wie sie in den Interviews immer wieder hergestellt werden, dienen als Erinnerungsorte der langfristigen Rückkehr der Finanzmärkte zur Effizienz. Jede Krise der Finanzmärkte, jedes Platzen einer Spekulationsblase, jedes Zusammenbrechen eines hypervoluminösen Marktes stabilisiert die Fiktion der Markteffizienz und ihrer imaginären Zeit. Die Erinnerung der rationalen und markteffizienten „Rückkehr" der Kurse auf ein durch die Realwirtschaft gerechtfertigtes Niveau ist ein identitätskonkreter Sinngebungsprozess in einem spezifisch finanzmarktlichen *mode rétro*.

Diese Legitimierung langfristiger Finanzmarkteffizienz und imaginärer Zeit durch Rückgriff auf die Vergangenheit soll abschließend an einer letzten Interviewsequenz verdeutlicht werden. Es handelt sich um das oben diskutierte Interview mit Respondent C (Kapitel 2, Abschnitt d), der er sich mit seinem Misserfolg im Niedergang des Neuen Marktes auseinandersetzt und zu dem Schluss gelangt, dass seine Investitionen gegenüber anderen und angesichts der allgemeinen Marktlage verhältnismäßig gut abgeschnitten hätten. Der springende Punkt dabei ist, dass er seine professionell-fundamentale, an langfristiger Effizienz der Finanzmärkte ausgerichtete Vorgehensweise im Nachhinein mit einer Begründung rechtfertigt, die einerseits die fundamentalen Gesetze langfristig bestätigt sieht, andererseits aber diese Bestätigung einzig aus dem Vergleich mit anderen, weniger erfolgreichen Performanzen gewinnt:

> C: <u>Weil</u> ähm – <u>ich</u>: – <u>hatte</u> mir <u>damals</u> auch Unternehmen ausge<u>sucht</u> – hh <u>die ich</u> für fundamental attraktiv <u>halte</u> <u>JA</u> Auch <u>die</u> haben sich ge<u>zehntelt</u> und trotzdem das wären die Werte die <u>sich seit</u> hh – ihrem <u>Tiefpunkt</u> hh – hier mit <u>am stärk</u>sten ent<u>wickelt ha</u><u>ben</u>.

Die Relativität der Aussage ist offenkundig, denn sie begründet die langfristige Strategie gerade *nicht* mit einer fundamentalen Verankerung der Finanzanlagen, sondern durch einen günstig ausfallenden Vergleich der eigenen Anlagen mit denen Anderer. Die langfristig effiziente und rationale Strategie ist somit daran erkennbar und dadurch legitimiert, dass sie im Vergleich zu anderen *Erfolg hat*. Hier zeigt sich deutlich die Durchsetzung einer Erfolgslogik in der Bewertung beruflichen Handelns, die Neckel, Dröge und Somm (2004) als einen der maßgeblichen kulturellen Trends in Gegenwartsgesellschaften ansehen. Es hat deswegen durchaus Sinn, von einer Vermarktlichung innerhalb der Finanzwirtschaft zu sprechen. Von größerem Interesse ist indes im hiesigen Kontext etwas anderes, nämlich die temporale Verweisstruktur der Aussage. Die Erinnerung an den Kauf fundamental attrativer Werte schreitet bruchlos über den unterschiedslosen Sturz um 90 Prozent mit, den der Untergang des Neuen Marktes mit sich brachte. Die Überlegenheit jener Aktien muss sich daher nicht in einer bruchlosen Erfolgsgeschichte zum Ausdruck bringen (auch sie stürzten ab), denn ihr *relativer* Wertvorteil gegenüber anderen in der Gegenwart erscheint als *absolute* Konsequenz ihrer fundamentalen Rückbindung und Rationalität, die sich gleichsam überzeitlich bewährt. Auf diese Weise kann sich die imaginäre Zeit langfristig rationaler Märkte auch über die Kluften finanzökonomischer Zusammenbrüche und Irrationalitäten hinweg behaupten. Die Gegenwart wird nicht in ein historisches Verhältnis zur Vergangenheit gesetzt, sondern bringt nur erneut die zeitlose Wahrheit und Rationalität der Finanzmärkte zum Ausdruck.

Die Fiktion langfristiger Markteffizienz hat den sozialen Sinn, strukturelle Reflexivität als allgemeines Merkmal der Finanzmärkte zu entproblematisieren. Jene Reflexivität wird stattdessen als nur kurzfristig irrationaler Markt dargestellt und damit entproblematisiert. Die Verdopplung der Markt-Zeit in eine kurzfristige, von den handelnden Subjekten erfahrbare, ihnen jedoch irrational erscheinende Dynamik und eine abstrakte, imaginäre Zeit langfristiger Ordnung bringt eine Verharmlosung der Folgen der finanzmarktlichen Reflexivität hervor. Das Problem kurzfristig eruptiver Marktbewegungen und ihrer unintendierten Nebenfolgen, die, wie die 1990er Jahre wiederholt gezeigt haben, verheerende Auswirkungen auf ganze Volkswirtschaften und gesellschaftliche Sozialstrukturen zeitigen können (s. Stiglitz 2005), kann abgeschattet werden, indem es durch den Gegenentwurf einer rationalen, weil motivlosen und normfreien Sozialität überstrahlt wird. Die professionelle Kritik kurzfristiger Marktorientierungen, ihrer irregeleiteten normativen Sanktionierung (alle machen mit) und ihrer irrationalen Motivierung („Gier und Angst"), von der das letzte Kapitel handelte, ist im Zusammenhang jenes Gegenentwurfs zu sehen. Sie dient dazu, die zentrale Fiktion des Informationskapitalismus zu retten: nämlich dass die Dynamik der Finanzmärkte durch Handel(n) geleitet ist, der/das ohne Erwartungen, Motive und Normen auskommt und gerade darin *rational* ist.

4. Markt-Zeit, Handel(n) am Finanzmarkt und die Repräsentation der Gesellschaft

Der heuristische Zugang der vorliegenden Studie zum kulturellen Verhältnis zwischen Finanzmarkt und Gesellschaft besteht in der Annahme, dass sich dieses Verhältnis in einer Analyse der Kritik Professioneller an den Märkten enthüllt. Die Begründung für einen solchen Zugang lautet, dass sich in dieser Kritik sowohl die normative Fundierung von finanzmarktlichen Handlungspraxen als auch deren Grenzen exemplarisch aufzeigen lassen. Unter diesem Aspekt hat die Kritik von Finanzprofessionellen an der kurzfristigen, irrationalen Logik der Finanzmärkte eine doppelte Bedeutung. Erstens konnte empirisch gezeigt werden, dass die dieser Kritik zugrunde liegende normative Fundierung von marktlichen Handlungsorientierungen in professionellen Selbstkonzepten begründet ist. Diese Selbstkonzepte stellen in ihr Zentrum die Beziehung zwischen Experten und Klienten, in der sich abstrakte Wissensbestände fallspezifisch und exemplarisch bewähren können sollen. Wird dies von den RespondentInnen als nicht möglich betrachtet, setzt ihre Kritik ein: Kritik an der eigenen Organisation, die kurzfristige Dynamiken der Finanzmärkte ungefiltert bis auf die operative Ebene in den Banken und Fondsgesellschaften durchschlagen lässt; Kritik an den Klienten, die in ihrer „Gier und Angst" die soziale Trägergruppe der kurzfristigen Irrationalität des Marktes sind; Kritik schließlich am Finanzmarkt selbst, der sich in Phasen kurzfristiger und irrationaler Orientierung inwändig zu einer Welt abschließt, die eine Gegenwelt zur Normalität bildet.

Zweitens jedoch – und dies bezeichnet eine Grenze der Fundierbarkeit finanzmarktlichen Handel(n)s in gesellschaftlich institutionalisierten Normen und Wahrnehmungsmustern – verweist die Kritik an den kurzfristigen Märkten auf eine weitere Repräsentation der Finanzmärkte, welche gegen jene aufgerichtet wird: die der langfristig rationalen und effizienten Finanzmärkte. Die Kritik an der Kurzfristlogik der Finanzmärkte und ihrer Folgen ist aus der Perspektive dieser Vorstellung formuliert, die ebenso abstrakt wie fiktiv ist, genau deswegen aber einen totalen Repräsentationsanspruch artikulieren kann. Die Imagination langfristiger Markteffizienz und -rationalität ist letztendlich in neoklassischen Theorieprämissen begründet, die deduktiv auf die beobachtbare Realität an den Finanzmärkten angewandt werden, was den abstrakten Charakter dieser Imagination ausmacht. Fiktiv ist sie deswegen, weil sie nicht handlungsanleitend ist, sondern einem anders strukturierten – kurzfristigen – Handeln durch ihre kontrafaktische Geltungsstruktur Sinn verleiht. Der totale Bezeichnungsanspruch dieser Imagination ist in ihrer metonymischen Verweisstruktur begründet, die die Finanzmärkte als definierenden Teil der Gesellschaft identifiziert und gleichzeitig diese Gesellschaft als „nicht ganz" so rational wie die Finanzmärkte repräsentiert. Während die Repräsentation von und Kritik an irrationalen Kurzfristlogiken die Struktur einer Metapher haben, die die Finanzprofessionellen zu allegorischen Bildern zur Charakterisierung dieser Märkte, als *wären* es Welten, greifen lässt, findet durch die metonymische Repräsentation der Langfristrationalität als empirische Wirklichkeit ein ungleich radikaleres „worlding" (Spivak 1997: 146f.) der Finanzmärkte als Prinzip des Gesellschaftlichen und der Vergesellschaftung statt, die diese Märkte nicht nur behandelt, als seien es Welten, sondern sie als Welten *setzt*. Die metaphorische Charakterisierung der Märkte als kurzfristig stabilisiert dabei die grundsätzlich prekäre Metonymie der Langfristigkeit: sie absorbiert und neutralisiert die Bedeutung der unleugbaren Irrationalität, der „Gier und Angst" an den Finanzmärkten, welche in deren reflexiver Dynamik begründet ist.

Die kulturelle Realität der Finanzmärkte als Prinzip des Gesellschaftlichen und der Vergesellschaftung liegt in der fiktiven Struktur dieser Realität begründet. Die Repräsentationen von Kurzfrist-Irrationalität und Langfrist-Rationalität der Finanzmärkte verhalten sich zueinander wie die beiden Formen kultureller Reflexivität, die oben identifiziert wurden. Beide stellen repräsentationale Bearbeitungsformen struktureller und kultureller Konstellationen moderner Gesellschaften dar. Die Repräsentation kurzfristiger Irrationalität der Finanzmärkte ist ein empirischer Modus der Veranschaulichung sozialer Reflexivität im Giddensschen Sinne, d.h. sie dient in der Hauptsache der Identifikation von Problemlagen. Die Kritik an kurzfristig irrationalen Märkten artikuliert lebensweltlich-spezifisch eine allgemeine Problematik heutiger Gesellschaften, nämlich die Unterlaufung eingefahrener sozialer Mechanismen durch deren Problematisierung im individuellen Bewusstsein und in der sozialen Kommunikation. Dagegen stellt die Repräsentation der Finanzmärkte als „letztlich" langfristig rational und effizient eine reflexive Repräsentation im Sinne Taylors dar, d.h. sie geht scheinbar selbstevident und daher unhinterfragt aus der sozialen Praxis hervor. Strukturelle Reflexivität gegenwärtiger Gesellschaften und vor allem der Finanzmärkte wird in dieser Repräsentation abgeschattet und entproblematisiert. Das Imaginäre des langfristig effizienten Marktes durchkreuzt das Giddenssche Projekt, strukturelle Reflexivität auf kulturellem Gebiet, d.h. auf dem von Handlungsorientierungen und Motivlagen einzuholen, indem es die Utopie einer Gesellschaft erzeugt, in der Handeln ohne Normen und Motive möglich wäre.

Die Verwendungsweise des Begriffs „imaginär" für die Repräsentation langfristig effizienter und rationaler Märkte wurde in der vorliegenden Studie mit seinem Vermögen begründet, die kulturelle Dimension finanzmarktlicher Aktivitäten und die gesellschaftliche Relevanz ihrer sozialen Sinngebungen in einem radikaleren Sinne zu fassen, als es andere gegenwärtige Lesarten der Finanzmärkte tun. So wurde nicht das Narrativ des Finanzkapitalismus über sich selbst kopiert, das darin besteht, ein reiner Handel mit Symbolen zu sein. Vielmehr wurde nach dem gefahndet, was aus dieser Selbstrepräsentation des Finanzkapitalismus notwendig ausgeschlossen bleiben muss. In diesem Sinne verweist das Imaginäre –

d.h. langfristige Markteffizienz – stets auf das, was unbezeichnet bleiben muss, damit die Fiktion aufrechterhalten werden kann. Die theoretische Interpretation der empirischen Ergebnisse der vorliegenden Studie besagt, dass das notwendig Unbezeichnete, das der Repräsentation langfristig rationaler Märkte ihre metonymische, d.h. *totalitäre* Geltungsstruktur verleiht, die Motive und normativen Orientierungen der am Finanzmarkt Handelnden sind. Es ist das theoretische Verdienst kulturanthropologischer und Lacanianisch inspirierter Lesarten von Karl Marx (Lee/LiPuma 2002, 2004; Žižek 1991, 1995, 2002), die repräsentationale Dynamik, aber auch die konstitutiven Selbstirrtümer sichtbar zu machen, die der Selbstrepräsentation des Finanzkapitalismus selbst noch in ihrer Kritik, wie sie von Finanzmarktprofessionellen artikuliert wird, anhaften.

Diese Sichtweise artikuliert eine Gegenposition zu der bekannten These, dass der Kapitalismus die gesellschaftlichen Grundlagen, die ihn ermöglichen, nicht selbst hervorbringen könne (s. Habermas 1973). Jener These zufolge zerstört die kapitalistische Handlungslogik und die durch sie instituierte Systemik des Ineinandergreifens von Handlungsfolgen die sozialen und kulturellen Grundlagen, auf die sie angewiesen ist, also z.B. religiös oder kulturell begründete Motivlagen, Leistungsprinzipien und soziale Rückzugsräume, die wirtschaftlichem Handeln zugrunde liegen (vgl. Dubiel 1994). Bereits die Studie von Boltanski und Chiapello (2003) fordert diese Argumentation heraus, da sie zeigt, dass der Kapitalismus seine Legitimität durch Einverleibung von gegen ihn geäußerten Kritiken immer wieder erneuert. Dieser Befund ist vor dem Hintergrund der in der vorliegenden Studie entwickelten theoretischen Argumentation und empirischen Analyse zu radikalisieren: Der Informationskapitalismus setzt *post factum* die repräsentationalen Bedingungen seiner Existenz. Er bringt die fiktiven Orientierungsanforderungen, die er voraussetzen muss, im Prozess der Zirkulation von Symbolen und Werten selbst hervor. Es ist richtig, dass der Informationskapitalismus „objektiv" von kulturellen Ressourcen und sozialen Kooperationsformen zehrt, die er selbst nicht begründen kann – etwa von Kooperationsarrangements, wie sie in Organisationen oder in der professionellen Beziehung institutionalisiert sind. Daher liegt die gegenwärtige Forschung zur institutionellen Einbettung des Informationskapitalismus durchaus nicht falsch, wenn sie feststellt, dass die scheinbare Ablösung finanzmarktlicher Dynamiken von denen der Realökonomie oder allgemein der Gesellschaft nur durch spezifische Institutionalisierungsmuster möglich wird – seien dies professionelle Milieustrukturen in „global cities", Organisationsstrukturen transnationaler Finanzunternehmen oder die professionelle Beziehung zwischen Finanzmarktexperten und Klienten, wie sie in den Selbstkonzepten der interviewten Finanzprofessionellen anzutreffen ist. Für die *repräsentationale Logik* und Selbstgenügsamkeit des Informationskapitalismus ist indes entscheidend, dass er die gesellschaftliche Bedeutung dieser Ressourcen abschattet und sie stattdessen als irrationale Hindernisse auf dem Weg zum rationalen Markt repräsentiert. Die innere Logik der metonymischen Imagination des rationalen Marktes ist weder auf die Organisation noch auf die professionelle Beziehung als zum Markt alternative Ordnungsmodelle angewiesen. Dies hängt letztendlich damit zusammen, dass in der Imagination des rationalen Marktes die Motiviertheit und Normiertheit jeglichen Handel(n)s die konstitutive Leerstelle bildet, denn damit kann kein Kooperationsmodell, das (wie Organisation oder Profession) in irgendeiner Weise auf dem Handeln zugrunde liegende Motivlagen und normative Orientierungen – auf *Erwartungen* also – verweist, an Markthandeln angeschlossen werden. Aus der Sicht eines solchen Marktes sind Organisation und Profession stattdessen lediglich als förderlich oder hinderlich bei seiner Verwirklichung – d.h. seiner Durchsetzung als gesellschaftliches Ordnungsmodell – anzusehen.

Dies wirft ein Schlaglicht auf das Verhältnis zwischen neoklassischer Finanztheorie und dem, was in der kritischen Sozialwissenschaft als Neoliberalimus bezeichnet wird (s. Harvey 2005; Ptak 2005). Es wird allgemein angenommen, dass Neoklassik und Neoliberalismus in einem Verlängerungsverhältnis zueinander stehen in dem Sinne, dass der doktrinäre Neoliberalismus im Grunde nur radikalisiert, was die neoklassische Theorie bereits vorformuliert hatte (vgl. Best 2003; Harvey 2005: 20f.; Ptak 2005: 64). In der Tat hatte bereits die Finanzökonomik Eugene Famas Erwartungen als dynamisierendes Moment von Finanzmrkten insofern vereinseitigt, als sie sie in einem ausschließlich kognitiven Sinne entwarf. Erwartungen gingen in seine Modellbildung nur insoweit ein, als sie rational waren, womit gemeint war, dass auf der Grundlage aller verfügbaren Informationen gebildet wurden. Bereits diese theoretische Fassung der Finanzmarktdynamik weist also die prekäre Leerstelle der Erwartungen auf, insofern diese normativ und motivational verankert sind. Indes geht die gegenwärtige Modernisierung neoklassischer Theoriebildung darüber noch hinaus, weil sie Erwartungen als Bestandteil eines verallgemeinerungsfähigen Theorems vollends verabschiedet. Es kommt stellvertretend ein Finanztheoretiker zu Wort, der die Rationalität und Effizienz des Finanzmarktes nicht in der rationalen und konvergenten Struktur der Erwartungen der Marktteilnehmer begründet sieht und damit die neoklassische Theorie der 1960er und 1970er Jahre fundamental reinterpretiert:

> Neoclassical finance is a theory of sharks and not a theory of rational homo economicus, and that is the principal distinction between finance and traditional economics. [...] Rational finance has stripped the assumptions down to only those required to support efficient markets and the absence of arbitrage [d.h. die Unterstützung der Annahme, dass sich Preisunterschiede durch die Arbitragepraktiken der Marktteilnehmer schließen], and has worked very hard to rid the field of its sensitivity to the psychological vagaries of investors. (Ross 2001: 4, zitiert in: MacKenzie 2005a: 563)

Stephen Ross geht es darum, sich gegen psychologische Modelle von Marktverhalten abzugrenzen, also beispielsweise gegen die aus der *behavioral finance* bekannte These, das Verhalten der Teilnehmer an den Finanzmärkten gleiche dem einer „Herde" (s. Scharfstein/Stein 1990; Froot/Scharfstein/Stein 1992) und führe systematisch zu Irrationalitäten an den Finanzmärkten. Am Beispiel der Arbitrage (Handel von Waren zwischen verschiedenen Orten bzw. Märkten, an denen sie unterschiedliche Preise erzielen) versucht Ross zu zeigen, dass Märkte unabhängig von der möglichen Irrationalität der Handlungsmotive ihrer Teilnehmer dennoch rational i. S. von effizient sein können: die Schließung eigentlich irrationaler Preisunterschiede auf unterschiedlichen Märkten kommt durch die Aktivität schon weniger Akteure zustande, die aufgrund egoistischen Verhaltens diese Unterschiede ausgleichen. Es handelt sich dabei um die Anwendung der Theorie der rationalen Erwartungen, die die gegenwärtige Weiterentwicklung der neoklassischen Finanztheorie darstellt (vgl. Kapitel 3, Abschnitt a). Auf diese Weise versucht Ross, den Faktor kontigenter Motivlagen und Handlungsnormen aus der Finanztheorie auszuschließen, um die Rationalitäts- und Effizienzannahme der Neoklassik auch gegen Einwände von akteurzentrierten Theorien beibehalten zu können.

Die Einwände Ross' gegen solche akteurzentrieren Theorien zeigen, dass die Rationalitätsunterstellung in der gegenwärtigen Finanzökonomik darauf angewiesen ist, nicht nur von der Kontingenz der Motive und Normen abzusehen, in die die Erwartungen und das Handeln der Marktteilnehmer eingebettet sind, sondern die Allgemeinheit dieser Erwartungen sebst zur theoretischen Disposition zu stellen. Die These rationaler und effizienter Märkte ist nicht mehr auf die Unterstellung eines bestimmten *typischen* Akteurs – des *homo oeconomicus* – angewiesen, der sich rational oder irrational in Bezug auf die Maximierung seines eigenen Glücks verhält, denn ihr Rationalitätsbegriff hat sich grundsätzlich verändert. Er bezieht sch nicht mehr auf generalisierbare Merkmale von Erwartungen (nämlich rational zu sein), sondern auf die *Generalisierbarkeit der Folgen*, die die partikularen rationalen Erwartungen einiger weniger Individuen haben. Deswegen können Märkte auch dann effizient sein, wenn bloß einige der beteiligten Akteure solche Erwartungen hegen und ihnen gemäß handeln, weil dies ausreicht, um bestehende Marktineffizienzen – also nicht durch alle verfügbaren Informationen gebildeten und gerechtfertigten Preise – zu eliminieren. Es ist, als ob die heutige Finanztheorie sich zum Ziel gesetzt hätte, die systemtheoretischen Komponenten Habermas' Modell der doppelten Strukturiertheit moderner Gesellschaften aus Innensicht des Marktes nachzumodellieren (vgl. Habermas 1995 [1981]: 230, 273): statt von einer verallgemeinerbaren Struktur der *Erwartungen* der Teilnehmer auszugehen, interessiert sie sich lediglich für die Vernetzung der *Folgen* des Handel(n)s einiger Teilnehmer.

An dieser Stelle erreicht die neoklassische Finanzökonomik der Gegenwart einen Punkt, der sie mit dem klassischen Liberalismus der Neuzeit sowohl verbindet als auch von ihm trennt. Das Verbindende besteht darin, dass der Markt – wie schon von Adam Smith und John Locke bezeugt – ein bestimmtes, imaginäres

Gesellschaftsmodell in die Welt treten lässt. In dieser Hinsicht bewegt sich die Neoklassik immer noch innerhalb des modernen, sozialen Imaginären des Marktes, wie es von Charles Taylor beschrieben wurde: die Vorstellung des Marktes versinnbildlicht und allegorisiert eine bestimmte Vorstellung von Gesellschaft, die durch das unauffällige Ineinandergreifen der Folgen von wie-auch-immer motivierten Handlungen charakterisiert ist. Der Unterschied und der radikale Bruch der zeitgenössischen neoklassischen Finanztheorie mit den klassischen liberalen Philosophen bestehen indes in der Tilgung des Bezugs auf *Kollektivgütern* aus der Konzeption. Die Annahme einer rational wirkenden „unsichtbaren Hand" des Marktes ging davon aus, dass die Verfolgung von Eigeninteressen durch *alle* Marktteilnehmer wohltätige Effekte *für alle* hervorbringt. In der gegenwärtigen Neoklassik genügen hingegen einige wenige Individuen, um einen Markt, unabhängig von Kontributions- und Distributionsaspekten, als rational gelten zu lassen, und wie es scheint, substituiert diese Form von Rationalität die Verteilungsrationalität des klassischen Liberalismus. Ein durch Märkte hervorgebrachtes Kollektivgut, von dem die klassische Wirtschaftstheorie noch ausgehen, kehrt in Zeiten der modernisierten Neoklassik nur noch in einer pervertierten und abgelehnten Form wieder: als „Herdenverhalten", welches durch die Kaskaden von Erwartungserwartungen negative Folgen für alle zeitigt.

Hier enthüllen sich zwei vollkommen verschiedene Begriffe von Rationalität. Der Rationalitätsbegriff des klassischen Liberalismus bezieht sich auf die Optimierung des allgemeinen (gesellschaftlichen) Nutzens durch Verfolgung partikularer (individueller) Ziele. Der Rationalitätsbegriff der Neoklassik hingegen interessiert sich weder für die partikularen Ziele noch für den gesellschaftlichen Nutzen, sondern bezieht sich ausschließlich auf den Prozess der *Preisbildung*. Im Zuge dieses Prozesses müssen individuelle Motive (Ziele) und sie rahmende Normen notwendigerweise aus dem Blick geraten, weil alleine die *Folgen* der Handlungen, die diese zeitigen, zur Preisbildung beitragen. Zugespitzt ausgedrückt: ein Markt ist im neoklassischen Verständnis dann rational, wenn er die Spuren des instrumentellen Handelns einiger weniger Individuen – Ross' „Haien" – von seinem Antlitz getilgt hat. Freilich verweist jedes „effiziente" Gleichgewicht subkutan auf die sozialen und gesellschaftlichen Dramen, die mit dem Ausgleich von „Ineffizienzen" verbunden sind: Kursübersteigerungen und nachfolgende Zusammenbrüche, die nicht nur Haushalte ruinieren, sondern ganze Volkswirtschaften erheblich beeinträchtigen können.

Wenn man also von „neoliberalen" Tendenzen in der gegenwärtigen Finanzwirtschaft sprechen möchte und präzisieren will, welche Gestalt der Neoliberalismus in der Finanzökonomik annimmt, ist es konsequent, von einem *Neo-Rationalismus* zu sprechen, der die Rationalitätsannahme von den Erwartungen aller Marktteilnehmer auf den Mechanismus der Preisbildung – den Markt – selbst verschiebt. Damit ist gleichzeitig eine Antwort auf die Frage nach der Neuartigkeit des Finanzkapitalismus in seiner gegenwärtigen Form gegeben, der Manuel Castells (1996) die Bezeichnung „Informationskapitalismus" verliehen hat. Sie ist in der ungekannten Prägnanz der imaginären Vorstellung eines Marktes zu sehen, die aus den kommunikationstechnologisch optimierten Zirkulationspraxen des Informationskapitalismus emergiert. Es wurde eingangs dargelegt, dass an den Finanzmärkten, bedingt durch die Zukünftigkeit und die Unsicherheit der verglichenen Preise, die prinzipielle Rekursivität zwischen dem individuellen Tauschakt und der Repräsentation des Marktes in Reflexivität umschlägt, d.h. subjektiv bewusst und sozial artikulierbar wird (Kapitel 1, Abschnitte b, c). Die neorationalistische Modernisierung der finanztheoretischen Neoklassik, deren Manifestation in den untersuchten Interviews die Fiktion langfristiger Markteffizienz darstellt, treibt diese Marktrepräsentanz ins Extrem, weil sie vollständig auf generalisierte Erwartungsunterstellungen verzichtet und damit den Markt gleichsam als ein Fluidum setzt, in dem die Prozesse der Zirkulation die Einheiten, zwischen denen zirkuliert wird, vollständig überdecken.

Vor diesem Hintergrund gegenwärtiger Finanztheorie, welche die fiktive Realität der Finanzmärkte als Metonymie des Gesellschaftlichen prägnant setzt, hinterlässt die Kritik von Finanzmarktprofessionellen an Organisationen, professionellen Beziehungen und kurzfristigen Märkten in der Analyse ein zweideutiges Bild. Diese Kritik ist einerseits ein wichtiger Motor bei der kulturellen Bearbeitung struktureller Reflexivität und ihrer sozialen Artikulation, dient andererseits aber auch der imaginären Verankerung der Logik des Informationskapitalismus und damit seiner Legitimierung. Deswegen stellt die Kritik der RespondentInnen an kurzfristig irrationalen Märkten auf der einen Seite einen Modus der Sicherung gesellschaftlicher Anschlusskommunikation von Problemlagen dar, weil durch sie eine Kritik an Vermarktlichungstendenzen in die Herzen der Unternehmen der Finanzwirtschaft hineingetragen wird. Die Kehrseite dieser symbolischen Verknüpfung besteht aber auf der anderen Seite darin, dass sie gleichzeitig der Aufrechterhaltung der zentralen *enabling fiction* des Finanzkapitalismus dient: der Vorstellung von langfristiger Rationalität und Effizienz der Finanzmärkte, vor deren imaginärem Hintergrund sich die Kritik artikuliert. Professionalität im Finanzsektor ist somit stets prekär und gefährdet: die gesellschaftlich-normative Rahmung, die jeder professionellen Tätigkeit zu eigen ist und die die Finanzmarktprofessionellen einsetzen, um Kritik zu üben, verweist auf abstrakte Wissensbestände, welche inhaltlich die Bedeutung von Handlungsmotiven und normativen Orientierungen leugnen.

Auf diese imaginäre Weise verleibt sich der Informationskapitalismus die Kritik an ihm ein und transformiert sie zwar nicht in eine Gerechtigkeitsnorm, wohl aber in eine Fiktion von Rationalität. Diese Fiktion ist nicht durch Hinweise auf kurzfristig irrationale Märkte und die ihnen zugrunde liegende „Gier und Angst" herauszufordern, weil gerade eine solche Kritik das prekäre Fehlen von Normen und Motiven, die der neo-rationalistischen Imagination *lang*fristig effizienter Finanzmärkte zugrunde liegt, durch die Gleichsetzung von Normen und Motiven mit der *Kurz*fristlogik entschärft. Die finanzökonomische Theorie rationaler Erwartungen, die die Effizienz der Finanzmärkte gerade mit der Unvorhersagbarkeit der Kursabweichungen von ihrem prognostizierten Mittelwert begründet, spricht diesen Befund selbstbewusst aus: „As long as stock market crashes are unpredictable, the basic lessons of the theory of rational expectations hold." (Mishkin 2004: 163f.)

Nur angedeutet werden können hier die gesellschaftstheoretischen Implikationen dieses Befundes. Es ist deutlich geworden, dass die in der vorliegenden Untersuchung vorgestellten und eingesetzten Begriffe gesellschaftlicher Reflexivität in einem produktiven Spannungsverhältnis zueinander stehen. Ich betrachte dabei die Arbeiten in der Tradition Castoriadis' als ein den gegenwärtigen gesellschaftlichen Rahmenbedingungen angemessenes Korrektiv zu Giddens' gesellschaftstheoretischer Verwendungsweise des Begriffs. Letztere stellt eine Antwort auf die fundamentale Herausforderung für Gesellschaften des historisch westlichen Modernisierungstrajekts dar, in Hinsicht auf die Legitimität ihrer politischen Systeme, wirtschaftlichen Ordnungen und kulturellen Differenzierungen übrig geblieben zu sein, d.h. sich nicht mehr gegen ein Gegenmodell formieren zu können. In der Folge geraten sie, Giddens' Entwurf zufolge, in Fallstricke, die ihre Operationsweise gerade durch deren Reflexivierung zunehmend lähmen, weil die Repräsentation des Gesellschaftlichen Sand ins Getriebe der gesellschaftlich institutionalisierten Routinen streut. Die zentrale Herausforderung der Gegenwart, die Giddens identifiziert, besteht somit in der Explizierung der Gesellschaft für sich selbst. Dieser Ansatz geht aber vollständig über Repräsentationsformen hinweg, die Inexplizitäten erzeugen und genau kraft dieser Qualität auf die gesellschaftliche Vorstellung ihrer selbst einwirken. Diese Repräsentationsformen manifestieren sich nicht in durch ihr Offenbarwerden außer Kraft gesetzten Routinen, sondern in scheinbar selbstevidenten Annahmen, deren Geltung nicht traditional stabilisiert, sondern in einer in sozialen Praxen stetig neu bewerkstelligten Abschattung alternativer Repräsentationen gründet. Gerade darin aber eröffnen sie die Möglichkeit einer Theorisierung radikaler Alternativen zu den gegenwärtigen Gefügen von Gesellschaftlichkeit. Das Imaginäre des Gesellschaftlichen begründet keine manifeste Hoffnung auf reflektierte Modernisierung, wohl aber einen Anreiz, die fundamentale Voraussetzungshaftigkeit der scheinbar evidenten Begriffe von Gesellschaftlichkeit, die wir unterhalten, ins Zentrum der kritischen Analyse zu rücken.

Bibliografie

Abbott, Andrew (1988): The System of Professions: An Essay on the Division of Expert Labor. Chicago/London: University of Chicago Press.

Abolafia, Mitchel Y. (1996): Making Markets: Opportunism and Restraint on Wall Street. Cambridge: Harvard University Press.

Abolafia, Mitchel Y. (1996a): Hyper-rational Gaming. In: Journal of Contemporary Ethnography, vol. 25, no. 2, S. 226-250.

Abolafia, Mitchel Y. (1998): Markets as Cultures: An Ethnographic Approach. In: Callon, Micheö (Ed.): The Laws of the Markets. Oxford/Malden, MA: Blackwell, S. 69-85.

Albert, Mathias et al. (1999): Die Neue Weltwirtschaft: Entstofflichung und Entgrenzung der Ökonomie. Frankfurt a.M.: Suhrkamp.

Anderson, Benedict (1987): Imagined Communities: Reflections on the Origin and Spread of Nationalism. London: Verso.

Appadurai, Arjun (1990): Disjuncture and Difference in the Global Cultural Economy. In: Public Culture vol. 2, no. 2, S. 1-24.

Ashcroft, Bill/Griffiths, Gareth/Tiffin, Helen (1989): The Empire Writes Back: Theory and Practice in Post-Colonial Literatures. London/New York: Routledge.

Axelrod, Robert M. (1987): Die Evolution der Kooperation. München: Oldenbourg.

Baudrillard, Jean (1992): Transökonomisch. In: Transparenz des Bösen. Ein Essay über extreme Phänomene. Berlin: Merve, S. 33-43.

Baudrillard, Jean (1992): Der unmögliche Tausch. In: Der unmögliche Tausch. Berlin: Merve, S. 9-40.

Baurmann, Michael (1996): Der Markt der Tugend. Recht und Moral in der liberalen Gesellschaft. Tübingen: J.C.B. Mohr (Paul Siebeck).

Best, Jacqueline (2003): From the Top-Down: The New Financial Architecture and the Re-embedding of Global Finance. In: New Political Economy, vol. 8, No. 3, November, 363-384.

Bhabha, Homi (1990): Introduction: Narrating the Nation. In: ders. (Hg.): Nation and Narration. London/New York: Routledge, S. 1-7.

Bhabha, Homi (1994 [1987]): Of Mimicry and Man: The Ambivalence of Colonial Discourse [1987]. In: ders.: The Location of Culture. London/New York: Routledge, S. 85-92.

Black, Fisher/Scholes, Myron (1973): The Pricing of Options and Corporate Liabilities. In: The Journal of Political Economy vol. 83, S. 637-659.

Blackburn, R.M. (1967): Union Character and Social Class. London: Batsford.

Bohnsack, Ralf (1999): Dokumentarische Methode und die Analyse kollektiver Biographien, in: Jüttemann, Gerd/Thomae, Hans (Hg.): Biographische Methoden in den Humanwissenschaften. Weinheim/Basel: Beltz, S. 213-230.

Boltanski, Luc/Chiapello, Ève (2003): Der neue Geist des Kapitalismus. Konstanz: UVK.

Burawoy, Michael et al. (Hg.) (2000): Global Ethnography. Forces, Connections, and Imaginations in a Postmodern World. Berkeley: University of California Press.

Bussmann, Johannes/Hoock, Reiner/Ulrich, Jörg et alii (2003): Ist das Dreisäulensystem noch zukunftsfähig – sektorübergreifende Geschäftsmodelle? In: Merl, Günther/Betsch, Oskar (Hg.): Zukunft der Finanzindustrie. Das Überdenken von Geschäftsmodellen. Frankfurt a.M.: Fritz Knapp, S. 263-285.

Butterwegge, Christoph (2005): Globalisierung: Herrschaft des Marktes – Abschied vom Wohl-fahrtsstaat? Folgen der neoliberalen Hegemonie für die Krise und Renaissance des Sozialen. In: Imhof, Kurt/Eberle, Thomas S. (Hg.): Triumph und Elend des Neoliberalismus. Zürich: Seismo, S. 111-126.

Castells, Manuel (1996): The Rise of the Network Society. Cambridge, Mass. Et al.: Blackwell.

Castoriadis, Cornelius (1984): Gesellschaft als imaginäre Institution. Entwurf einer politischen Philosophie. Frankfurt a.M.: Suhrkamp.

Clark, Gordon L./Thrift, Nigel (2005): The Return of Bureaucracy: Managing Dispersed Knowl-edge in Global Finance. In: Knorr Cetina, Karin/Preda, Alex (Hg.): The Sociology of Financial Markets. Oxford/New York: Oxford University Press, S. 229-249.

Clark, Gordon L./Thrift, Nigel/Tickell, Adam (2004): Performing Finance: the Industry, the Me-dia and its Image. In: Review of International Political Economy vol. 11, no. 2, S. 289-310.

Deeg, Richard/Lütz, Susanne (2000): Internationalization and Financial Federalism: The United States and Germany at the Crossroads? In: Comparative Political Studies, vol. 33, No.3, S. 374-405.

Deeg, Richard (2001): Institutional Change and the Uses and Limits of Path Dependency: The Case of German Finance. MPIfG Discussion Paper 01/06, November. Köln: Max-Planck-Institut für Gesellschaftsforschung.

Dicken, Peter (2003): Global Shift: Reshaping the Global Economic Map in the 21st Century. London/Thousand Oaks/New Delhi: Sage.

DiMaggio, Paul J./Powell, Walter W. (1983): The Iron Cage Revisited: Institutional Isomorphism and Collective Rationality in Organizational Fields. In: American Sociological Review, vol. 48, S. 147-160.

DiMaggio, Paul (1988): Interest and Agency in Institutional Theory. In: Zucker, Lynne G. (Hg.): Institutional Patterns and Organizations: Culture and Environment. Cambridge, Mass.: Ballinger, S. 3-21.

Dubiel, Helmut (1994): Der nachliberale Sozialcharakter. In: ders.: Ungewißheit und Politik. Frank-furt a.M.: Suhrkamp, S. 119-150.

Durkheim, Émile (1988 [1893]): Über soziale Arbeitsteilung. Studie über die Organisation höherer Gesellschaften. Frankfurt a.M.: Suhrkamp.

Durkheim, Émile (1991 [1937]): Die Berufsmoral. In: ders.: Physik der Sitten und des Rechts. Frankfurt a.M.: Suhrkamp, S. 9-63.

Elton, Edwin J./Gruber, Martin J. (Hg.) (1979): Portfolio Theory, 25 Years Later. Essays in Honor of Harry Markowitz. Amsterdam/New York/Oxford: North-Holland Publishing Company.

Erikson, Erik H. (1997 [1956]): Das Problem der Ich-Identität. In: ders.: Identität und Lebenszyklus. Frankfurt a.M.: Suhrkamp, S. 123-212.

Eusterbrock, Claudia (1999): Steigerung der Dienstleistungsqualität mit Electronic-Banking: Kundenorientierung am Beispiel sächsischer Genossenschaftsbanken. Wiesbaden: Dt. Univversitätsverlag.

Fama, Eugene F (1970): Efficient Capital Markets: A Review of Theory and Empirical Work. In: Journal of Finance, 25. Jg., H. 2, S. 383-417.

Fama, Eugene F./Miller, Merton H. (1972): The Theory of Finance. New York et al.: Holt, Rinehart and Winston.

Fenton-O'Creevy, Mark/Nicholson, Nigel/Soane, Emma/Willman, Paul (2005): Traders: Risks, Decisions, and Management in Financial Marktes. Oxford/New York: Oxford University Press.

Fischer-Rosenthal, Wolfram/Rosenthal, Gabriele (1997): Narrationsanalyse biographischer Selbstpräsentatin. In: Hitzler, Ronald/Honer, Anne (Hg.): Sozialwissenschaftliche Hermeneutik. Opladen: Leske + Budrich, S. 133-164.

Flick, Uwe (1995): Qualitative Forschung. Theorie, Methoden, Anwendung in Psychologie und Sozialwissenschaften. Reinbek b.II.: Rowohlt.

Fligstein, Neil (1990): The Transformation of Corporate Control. Cambridge, Mass.: Cambridge University Press.

Fligstein, Neil (2001): The Architecture of Markets: An Economic Sociology of Twenty-First-Century Capitalist Societies. Princeton, NJ: Princeton University Press.

Froot, K.A./Scharfstein, D.S./Stein, J.C. (1992): Herd on the Street: Informational Inefficiencies in a Market with Short-Term Speculation. In: The Journal of Finance vol. 47, no. 4, S. 1461-1484.

Gaddis, John Lewis (1997): We Now Know: Rethinking Cold War History. Oxford/New York: Oxford University Press.

Gaonkar, Dilip Parameshwar (2002): Toward New Imaginaries. An Introduction. In: Public Culture vol. 14, no. 1, 1-19.

Giddens, Anthony (1994): Beyond Left and Right: The Future of Radical Politics. Stanford: Stanford University Press.

Giddens, Anthony (1994a): Living in a Post-Traditional Society. In: Beck, Ulrich/Giddens, Anthony/Lash, Scott: Reflexive Modernization: Politics, Tradition and Aesthetics in the Modern Social Order. Cambrigde: Polity Press, S. 56-109.

Giddens, Anthony (1995): Die Konstitution der Gesellschaft. Frankfurt a.M.: Campus.

Giddens, Anthony (1995a): Konsequenzen der Moderne. Frankfurt a.M.: Suhrkamp.

Glaser, Barney/Strauss, Anselm (1967): The Discovery of Grounded Theory. New York: Aldine.

Granovetter, Mark (1985): Economic Action and Social Structure: The Problem of Embeddedness. In: American Journal of Sociology, vol. 91, 3, 481-510.

Grossman, Emiliano (2006): Europeanization as an Interactive Process: German Public Banks Meet EU State Aid Policy. In: Journal of Common Market Studies 44, No. 2, S. 325-348.

Habermas, Jürgen (1962): Strukturwandel der Öffentlichkeit. Untersuchungen zu einer Kategorie der bürgerlichen Gesellschaft. Neuwied/Berlin: Luchterhand.

Habermas, Jürgen (1973): Legitimationsprobleme im Spätkapitalismus. Frankfurt a.M.: Suhrkamp.

Habermas, Jürgen (1995 [1981]): Theorie des kommunikativen Handelns. Band 1 und 2. Frankfurt a.M.: Suhrkamp.

Habermas, Jürgen (1990): Volkssouveränität als Verfahren. Ein normativer Begriff der Öffentlichkeit. In: ders.: Die Moderne – ein unvollendetes Projekt. Philosophisch-politische Aufsätze 1977-1992. Frankfurt a.M.: Suhrkamp, S. 180-212.

Halbwachs, Maurice (1966): Das Gedächtnis und seine sozialen Bedingungen. Berlin/Neuwied: Luchterhand.

Halbwachs, Maurice (1967): Das kollektive Gedächtnis. Stuttgart: Enke.

Hammerschmidt, Michael (2003): Kundenbindung durch Mitgliedschaft in Genossenschaftsbanken. Aachen: Shaker.

Harvey, David (2005): A Brief History of Neoliberalism. Oxford/New York: Oxford University Press.

Hayek, Friedrich von (1984 [1948]): The Conditions of Equilibrium Between the Production of Consumers' Goods and the Production of Producers' Goods. In: Nishiyama, Chiaki/Leube, Kurt R. (Hg.): The Essence of Hayek. Stanford: Hoover Institution Press.

Hepp, Rolf-Dieter (2005): Prekarisierung: Expansion von Formen sozialer Unsicherheit. In: Imhof, Kurt/Eberle, Thomas S. (Hg.): Triumph und Elend des Neoliberalismus. Zürich: Seismo, S. 127-141.

Herrndorf, Ulrich (2005): Strukturelle Veränderungen im Bankgewerbe – Herausforderungen für das Personalmanagement. In: Bartmann, Dieter/Penzel, Hans-Gert/Petzel, Erhard (Hg.): Die Industrialisierung des Bankbetriebs. Wie sich Konzepte der Industrie auf die Banken übertragen lassen. Weinheim: Wiley-VCH Verlag, S. 145-174.

Hillebrandt, Frank (2006): Begriff und Praxis des Tauschs. Vortrag auf dem Kongress der Deutschen Gesellschaft für Soziologie „Die Natur der Gesellschaft", Kassel, 9.-13.10.2006

Hirschman, Albert O. (1974): Abwanderung und Widerspruch. Reaktionen auf Leistungsabfall bei Unternehmungen, Organisationen und Staaten. Tübingen: J.C.B. Mohr (Paul Siebeck).

Jentzsch, Stefan/Welsch, Anja (2004): Asset Allocation als Instrument und Gegenstand der Anlageberatung. In: Schuster, Leo/Widmer, Alex W. (Hg.): Wege aus der Banken- und Börsenkrise. Berlin/Heidelberg: Springer, S. 366-373.

Kern, Holger (2003): Paradigmenwechsel im Retail-Banking – wird die Infrastruktur zur Bank? In: Merl, Günther/Betsch, Oskar (Hg.): Zukunft der Finanzindustrie. Das Überdenken von Geschäftsmodellen: Frankfurt a.M.: Fritz Knapp, S. 359-376.

Keynes, John Maynard (1971 [1923]): A Tract on Monetary Reform. The Collected Writings of John Maynard Keynes, vol. IV. London/Basingstoke: Macmillan/St Martin's Press.

Keynes, John Maynard (1997 [1936]): The General Theory of Employment, Interest, and Money. Amherst: Prometheus.

Kischka, Peter (1984): Bestimmung optimaler Portfolios bei Ungewissheit: Bayessche Verfahren in der Portfoliotheorie. Königstein/Ts.: Verlagsgruppe Athenäum, Hain, Hanstein.

Klatetzki, Thomas (2005): Professionelle Arbeit und kollegiale Organisation. Eine symbolisch interpretative Perspektive. In: Klatetzki, Thomas/Tacke, Veronika (Hg.): Organisation und Profession. Wiesbaden: VS Verlag für Sozialwissenschaften, S. 253-283.

Klatetzki, Thomas/Tacke, Veronika (2005): Einleitung. In: dies. (Hg.): Organisation und Profession. Wiesbaden: VS Verlag für Sozialwissenschaften, S. 7-30.

Knorr Cetina, Karin (1997): Sociality with Objects: Social Relations in Postsocial Knowledge Societies. In: Theory, Culture and Society, vol. 14, no. 4, S. 1-30.

Knorr Cetina, Karin/Preda, Alex (eds.) (2005): The Sociology of Financial Markets. Oxford/New York: Oxford University Press.

Knorr Cetina, Karin (2005): How are Global Markets Global? The Architecture of a Flow World. In: Knorr Cetina, Karin/Preda, Alex (Hg.): The Sociology of Financial Markets. Oxford/New York: Oxford University Press, S. 38-61.

Knorr Cetina, Karin/Bruegger, Urs (2000): The Market as an Object of Attachment: Exploring Postsocial Relations in Financial Markets. In: Canadian Journal of Sociology, vol. 25, 2, 141-168.

Knorr Cetina, Karin/Bruegger, Urs (2002): Traders' Engagement with Markets: A Postsocial Relationship. In: Theory, Culture & Society, vol. 19, 5/6, 161-185.

Knorr Cetina, Karin/Bruegger, Urs (2002a): Global Microstructures: The Virtual Societies of Financial Markets. In: American Journal of Sociology, vol. 107, No. 4, S. 905-950.

Kocyba, Herrmann (2005): Selbstverwirklichungszwänge und neue Unterwerfungsformen. Paradoxien der Kapitalismuskritik. In: AG SubArO (Hg.): Ökonomie der Subjektivität – Subjektivität der Ökonomie. Berlin: edition sigma, S. 79-93.

König, Johann-Günther/Peters, Manfred (2002): Börse. Aktien und Akteure. Frankfurt a.M.: Suhrkamp.

Kurtz, Thomas (2005): Das professionelle Handeln und die neuen Wissensberufe. In: Pfadenhauer, Michaela (Hg.): Professionelles Handeln. Wiesbaden: VS Verlag, S. 243-252.

Lacan, Jacques (1977 [1956]): The Function and Field of Speech in Psychoanalysis. In: ders., Écrits: A Selection. London/New York: Routledge, S. 33-125.

Lacan, Jacques (1978 [1964]): Die vier Grundbegriffe der Psychoanalyse. Das Seminar von Jacques Lacan, Bd. 11. Olten/Freiburg i. Br.: Walter-Verlag.

Lamla, Jörn (2003): Anthony Giddens. Frankfurt a.M./New York: Campus.

Langenohl, Andreas/Schmidt-Beck, Kerstin (2004): Striving for Excellence in the Financial Sector – Professionalization in Times of Crisis. Papier für die 20. EGOS Konferenz, Ljubljana. http://www.uni-giessen.de/erinnerungskulturen/pdf/langenohl_schmidt-beck_-_striving_for_excellence.pdf.

Langenohl, Andreas/Schmidt-Beck, Kerstin (2006): „Doch wieder nichts dazugelernt, aber ich hab mir's jetzt vorgenommen": Finanzprofis reflektieren Wissen und Erfahrung. In: Rehberg, Karl-Siegbert (Hg.): Soziale Ungleichheit – Kulturelle Unterschiede. Verhandlungen des 32. Kongresses der Deutschen Gesellschaft für Soziologie in München 2004. Frankfurt a.M./New York: Campus (CD-ROM).

Langenohl, Andreas/Schmidt-Beck, Kerstin (2007): Die Medien als Bühne für Finanzprofis? Prekär gewordene Medienverhältnisse nach dem Börsenfall. In: Willems, Herbert (Hg.): Theatralisierungen und Enttheatralisierungen in der Gegenwartsgesellschaft. Wiesbaden: VS Verlag für Sozialwissenschaften (i.E.).

Langenohl, Andreas (2007): Tradition und Gesellschaftskritik. Modernisierungstheorie nach dem Untergang politischer Ordnungsvisionen. Frankfurt a.M./New York: Campus.

Lee, Benjamin/LiPuma, Edward (2002): Cultures of Circulation: The Imaginations of Modernity. In: Public Culture vol. 14, no. 1, S. 191-213.

Lee, Benjamin/LiPuma, Edward (2004): Financial Derivatives and the Globalization of Risk. Durham/London: Duke University Press.

Levy, Haim/Sarnat, Marshall (1984): Portfolio and Investment Selection: Theory and Practice. Englewood Cliffs: Prentice-Hall.

Linn, Norbert/Rundshagen, Michael (2002): Wege aus der Wertfalle – Fokussierung ist die Grundlage für ein wertorientiertes Management. In: Linn, Norbert/Krotsch, Steffen/Riese, Cornelius (Hg.): Banken in der Wertfalle. Effizienz- und Wachstumsstrategien für eine Branche in der Krise. Frankfurt a.M.: F.A.Z.-Institut, S. 58-70.

Lockwood, David (1958): The Blackcoated Worker, London: Allen & Unwin.

Lohr, Andreas (2005): Soziologische Konzeptionen der Börse. Vergleich, Schwachstellen und Alternativen. Justus-Liebig-Universität Gießen: Diplomarbeit am Fachbereich 03 Sozial- und Kulturwissenschaften.

Lounsbury, Michael (2002): Institutional Transformation and Status Mobility: The Professionalization of the Field of Finance. In: Academy of Management Journal 45, H. 1, S. 255-266.

Luhmann, Niklas (1964): Funktionen und Folgen formaler Organisation. Berlin: Duncker & Humblot.

Luttwak, Edward N. (2001): Strategy: The Logic of War and Peace. Revised and Enlarged Edition. Cambridge/London: Belknap Press of Harvard University Press.

Lütz, Susanne (2002): Der Staat und die Globalisierung von Finanzmärkten. Regulative Politik in Deutschland, Großbritannien und den USA. Frankfurt a.M./New York: Campus.

Lütz, Susanne (2004): Von der Infrastruktur zum Markt? Der deutsche Finanzsektor zwischen Regulierung und Deregulierung. Polis Nr. 59. Hagen: Institut für Politikwissenschaft, FernUniversität Hagen.

MacKenzie, Donald (2005): How a Superportfolio Emerges: Long-Term Capital Management and the Sociology of Arbitrage. In: Knorr Cetina, Karin/Preda, Alex (Hg.): The Sociology of Financial Markets. Oxford/New York: Oxford University Press, S. 62-83.

MacKenzie, Donald (2005a): Opening the Black Boxes of Global Finance. In: Review of International Political Economy vol. 12, no. 4, S. 555-576.

Malinowski, Bronislaw (1979 [1922]): Argonauten des westlichen Pazifik. Ein Bericht über Unternehmungen und Abenteuer der Eingeborenen in den Inselwelten von Melanesisch-Neuguinea. Frankfurt a.M.: Syndikat.

Markowitz, Harry (1952): Portfolio Selection. In: The Journal of Finance vol. 7, S. 77-91.

Markowitz, Harry (1991): Portfolio Selection: Efficient Diversification of Investments. Cambridge, Mass.: Basil Blackwell.

Marx, Karl (1962): Das Kapital, Bd. 1. MEW, Bd. 23, Berlin: Dietz.

Mayring, Philipp (1991): Qualitative Inhaltsanalyse. In: Flick, Uwe et al. (Hg.): Handbuch Qualitative Sozialforschung. München: Beltz, S. 209-213.

Mead, George Herbert (1998 [1934]): Geist, Identität und Gesellschaft. Frankfurt a.M.: Suhrkamp.

Menkhoff, Lukas/Röckemann, Christian (1994): Noise trading auf Aktienmärkten. Ein Überblick zu verhaltensorientierten Erklärungsansätzen nicht-fundamentaler Kursbildung. In: Zeitschrift für Betriebswirtschaft, 64. Jg., H. 3, S. 277-295.

Menz, Wolfgang/Siegel, Tilla (2001): „Da darfst Du nicht drüber nachdenken": Leistungspolitik in den Betrieben. In: Sozialwissenschaftliche Informationen. Geschichte – Politik – Wirtschaft, 30. Jg., H. 4, S. 53-63.

Menz, Wolfgang (2005): Das Subjekt der Leistung und Legitimität des Marktregimes. In: Arbeitsgruppe SubArO (Hg.): Ökonomie der Subjektivität – Subjektivität der Ökonomie.Berlin: Edition Sigma, S. 95-116.

Meuser, Michael/Nagel, Ulrike (2005 [1991]): ExpertInneninterviews – vielfach erprobt, wenig bedacht. Ein Beitrag zur qualitativen Methodendiskussion. In: Bogner, Alexander/Littig, Beate/Menz, Wolfgang (Hg.): Das Experteninterview. Theorie, Methode, Anwendung. Wiesbaden: VS Verlag für Sozialwissenschaften, S. 71-93.

Mishkin, Frederic S. (1997): The Economics of Money, Banking, and Financial Markets. Fifth Edition. Reading, Mass. et al.: Addison-Wesley.

Mishkin, Frederic S. (2004): The Economics of Money, Banking, and Financial Markets. Seventh Edition. Reading, Mass. et al.: Addison-Wesley.

Moldaschl, Manfred (1998): Internalisierung des Marktes – Neue Unternehmensstrategien und ‚qualifizierte' Angestellte. In: IfS/INIFES/SOFI (Hg.): Jahrbuch sozialwissenschaftliche Technikberichterstattung '97 – Schwerpunkt: Moderne Dienstleistungswellen. Berlin: Edition Sigma, S. 197-250.

Moldaschl, Manfred/Sauer, Dieter (2000): Internalisierung des Marktes – Zur neuen Dialektik von Kooperation und Herrschaft. In: Minssen, Heiner (Hg.): Begrenzte Entgrenzungen – Wandlungen von Organisation und Arbeit. Berlin: Edition Sigma, S. 205-224.

Mumford, Enid/Banks, Olive (1967): The Computer and the Clerk, London: Routledge & Kegan Paul.

Naujoks, Henrik/Kinder, Christian (2003): Fusionen und Kooperationen als Herausforderungen – wer gewinnt den Wettbewerb? In: Merl, Günther/Betsch, Oskar (Hg.): Zukunft der Finanzindustrie. Das Überdenken von Geschäftsmodellen. Frankfurt a.M.: Fritz Knapp, S. 49-67.

Neckel, Sighard (2001): „Leistung" und „Erfolg". Die symbolische Ordnung der Marktgesellschaft. In: Barlösius, Eva/Müller, Hans-Peter/Sigmund, Steffen (Hg.): Gesellschaftsbilder im Umbruch. Soziologische Perspektiven in Deutschland. Opladen: Leske + Budrich, S. 245-265.

Neckel, Sighard/Dröge, Kai (2002): Die Verdienste und ihr Preis: Leistung in der Marktgesellschaft. In: Honneth, Axel (Hg.): Befreiung aus der Mündigkeit. Paradoxien des gegenwärtigen Kapitalismus. Frankfurt et al.: Campus, S. 93-116.

Neckel, Sighard/Dröge, Kai/Somm, Irene (2004): Welche Leistung, welche Leistungsgerechtigkeit? Normative Konzepte, normative Fragen und einige empirische Befunde. In: Berger, Peter A./Schmidt, Volker H. (Hg.): Welche Gleichheit, welche Ungleichheiten? Grundlagen der Ungleichheitsforschung. Wiesbaden: VS Verlag für Sozialwissenschaften, S. 137-164.

Neckel, Sighard (2005): Die Marktgesellschaft als kultureller Kapitalismus. Zum neuen Synkretismus von Ökonomie und Lebensform. In: Imhof, Kurt/Eberle, Thomas S. (Hg.): Triumph und Elend des Neoliberalismus. Zürich: Seismo, S. 198-211.

Parsons, Talcott/Platt, Gerald M. (1973): The American University. Cambridge, Mass.: Harvard University Press.

Parsons, Talcott (1978 [1969]): Research with Human Subjects and the "Professional Complex". In: ders.: Action Theory and the Human Condition. New York/London: The Free Press, S. 35-65.

Parsons, Talcott (1978 [1975]): The Sick Role and the Role of the Physician Reconsidered. In: ders.: Action Theory and the Human Condition. London/New York: Collier/Macmillan, S. 17-34.

Parsons, Talcott (1978 [1977]): The Future of the University. In: ders.: Action Theory and the Human Condition. London/New York: Collier/Macmillan, S. 96-114.

Parsons, Talcott/Shils, Edward A. (1951): Values, Motives, and Systems of Action, in: dies. (Hg.): Toward a General Theory of Action. Cambridge, Mass.: Harvard University Press, S. 47-275.

Pongratz, Hans J. (2003): Legitimation durch Erfolg. Zum Wandel der normativen Grundlagern der Leistungsgesellschaft. In: Allmendinger, Jutta (Hg.): Entstaatlichung und soziale Sicherheit: Verhandlungen des 31. Kongresses der Deutschen Gesellschaft für Soziologie in Leipzig, Teil 2. Opladen: Leske + Budrich, S. 818-829.

Popitz, Heinrich (1975): Der Begriff der sozialen Rolle als Element der soziologischen Theorie. Tübingen: Mohr.

Postone, Moishe (1996): Time, Labor, and Social Domination: A Reinterpretation of Marx's Critical Theory. Cambridge/New York/Oakleigh: Cambridge University Press.

Power, Michael (2005): Enterprise Risk Management and the Organization of Uncertainty in Financial Institutions. In: Knorr Cetina, Karin/Preda, Alex (Hg.): The Sociology of Financial Markets. Oxford/New York: Oxford University Press, S. 250-268.

Power, Michael (2005a): The Invention of Operational Risk. In: Review of International Political Economy vol. 12, no. 4, S. 577-599.

Ptak, Ralf (2005): Etappen des Neoliberalismus. In: Imhof, Kurt/Eberle, Thomas S. (Hg.): Triumph und Elend des Neoliberalismus. Zürich: Seismo, S. 59-73.

Ritsert, Jürgen (2002): Ideologie. Theoreme und Probleme der Wissenssoziologie. Münster: Westfälisches Dampfboot.

Rolfes, Bernd (2004): Sind die Sparkassen und Genossenschaftsbanken die Gewinner der Strukturkrise im Bankensektor? In: Tietmeyer, Hans/Heinke, Eberhard/Rolfes, Bernd (Hg): Der deutsche Bankenmarkt – unfähig zur Konsolidierung? Wiesbaden: Gabler, S. 51-71.

Rosenthal, Gabriele (1995): Erlebte und erzählte Lebensgeschichte. Gestalt und Struktur biographischer Selbstbeschreibungen. Frankfurt a..M. et al.: Campus.

Ross, Stephen A. (1001): Neoclassical and Alternative Finance. Keynote Address at EFMA Meeting.

Sassen, Saskia (1991): The Global City. New York, London, Tokyo. Princeton, NJ: Princeton University Press.

Sassen, Saskia (2005): The Embeddedness of Electronic Markets: The Case of Global Capital Markets. In: Knorr Cetina, Karin/Preda, Alex (eds.): The Sociology of Financial Markets. Oxford/New York: Oxford University Press, S. 17-37.

Scharfstein, D.S./Stein, J.C. (1990): Herd Behavior and Investment, in: The American Economic Review vol. 80, no. .3, S. 465-479.

Schmidt-Beck, Kerstin (i.E.): Die Krise überleben. Berufliche Orientierungen bei Professionellen in der Finanzbranche. Justus-Liebig-Universität Gießen: Dissertationsschrift am Fachbereich 03 Sozial- und Kulturwissenschaften.

Schmidt-Bürgel, Jens (2003): Aufräumungsarbeiten haben für Deutschlands Banken erst begonnen. In: Merl, Günther/Betsch, Oskar (Hg.): Zukunft der Finanzindustrie. Das Überdenken von Geschäftsmodellen. Frankfurt a.M.: Fritz Knapp, S. 35-45.

Schütz, Alfred (2004): Der sinnhafte Aufbau der sozialen Welt. Eine Einleitung in die verstehende Soziologie. Konstanz: UVK.

Scott, William R. (1995): Institutions and Organizations: Newbury Park, CA: Sage.

Seeger, Stefan/Stürtz, Norman (2003): Das Dilemma der deutschen Kreditwirtschaft, - Hintergründe und Wege aus der Ertragskrise. In: Merl, Günther/Betsch, Oskar (Hg.): Zukunft der Finanzindustrie. Das Überdenken von Geschäftsmodellen. Frankfurt a.M.: Fritz Knapp, S. 17-33.

Selten, Reinhard (1990): Bounded Rationality. In: Journal of Institutional and Theoretical Analysis, vol. 146, no. 4, S. 649-658.

Shiller, Robert J. (1990): Speculative Prices and Popular Models. In: Journal of Economic Perspectives vol. 4., no. 2, S. 55-65.

Shleifer, Andrei (2000): Inefficient Markets: An Introduction to Behavioural Finance. Oxford et al.: Oxford University Press.

Shleifer, Andrei/Vishny, Robert (1997): The Limits of Arbitrage. In: Journal of Finance vol. 52, no. 1, S. 35-55.

Simon, Herbert A. (1957): Models of Man. New York: Wiley.

Smith, Adam (1986 [1774]): The Wealth of Nations. Books 1-3. London: Penguin.

Spivak, Gayatri Chakravorty (1997): Three Women's Texts and a Critique of Imperialism. In: Moore-Gilbert, Bart/Stanton, Gareth/Maley, Willy (Hg.): Postcolonial Criticism. London/New York: Longman, S. 145-165.

Spivak, Gayatri Chakravorty (1993): Reading the Satanic Verses. In: dies.: Outside in the Teaching Machine. New York/London: Routledge, S. 217-241.

Stiglitz, Joseph E. (2005): The Roaring Nineties: Vom Boom zum Crash. München: Goldmann.

Strange, Susan (1986): Casino Capitalism. Oxford et al.: Blackwell.

Strange, Susan (1996): The Retreat of the State: The Diffusion of Power in the World Economy. Cambridge: Cambridge University Press.

Szallies, Rüdiger (2003): Markenführung im Kreditgewerbe – aus der Vergangenheit für die Zukunft lernen. In: Merl, Günther/Betsch, Oskar (Hg.): Zukunft der Finanzindustrie. Das Überdenken von Geschäftsmodellen. Frankfurt a.M.: Fritz Knapp, 201-217.

Taylor, Charles (2002): Modern Social Imaginaries. In: Public Culture vol. 14, no. 1, S. 91-124.

Theurl, Theresia (2001): Ökonomische Theorie der Bankenregulierung. In: dies. (Hg.): Regulierung und Management von Risiken – Unentdeckte Chancen für den Mittelstand. Aachen: Shaker, S. 9-26.

Thielemann, Ulrich (1996): Das Prinzip Markt. Kritik der ökonomischen Tauschlogik. Bern/Stuttgart/Wien: Paul Haupt.

Thrift, Nigel J/French, S. (2002): The Automatic Production of Space. In: Transactions, Institute of British Geographers, NS27, S. 309-335.

Turner, C./Hodge, M. N. (1970): Occupations and Professions. In: Jackson, J.A. (Hg.): Professions and Professionalization. London/New York: Cambridge University Press, S. 19-50.

Vanberg, Viktor (1987): Markt, Organisation und Reziprozität. In: Heinemann, Klaus (Hg.): Soziologie wirtschaftlichen Handelns. Opladen: Westdeutscher Verlag, S. 263-279.

Vanberg, Viktor J. (1994): Rules & Choice in Economics. London/New York: Routledge.

Vega, Joseph de La (1994 [1688]): Die Verwirrung der Verwirrungen. Vier Dialoge über die Börse in Amsterdam. Kulmbach: Börsenmedien.

Virilio, Paul (2001): Fluchtgeschwindigkeit. Frankfurt a.M.: Fischer.

Wagner, Hans-Joachim (1999): Rekonstruktive Methodologie. Opladen: Leske + Budrich.

Walter, Norbert/Lahusen, Reinhard (2004): Bankgewerbe in Deutschland – Mythen, Mysterien und die kontrastierende Realität. In: Schuster, Leo/Widmer, Alex W. (Hg.): Wege aus der Banken- und Börsenkrise. Berlin/Heidelberg: Springer, S. 15-31

Weber, Max (1980 [1921]): Wirtschaft und Gesellschaft. Tübingen: Mohr.

Weber, Max (1988 [1894]): Die Börse. In: Gesammelte Aufsätze zur Soziologie und Sozialpolitik. Tübingen: Mohr, S. 256-322.

Weber, Max (1988 [1920]): Die protestantische Ethik und der Geist des Kapitalismus. In: Gesammelte Aufsätze zur Religionssoziologie I. Tübingen: Mohr, S. 17-206.

Weber, Max (1988a [1920]): Vorbemerkung. In: Gesammelte Aufsätze zur Religionssoziologie I. Tübingen: Mohr, S. 1-16.

Weber, Max (1988 [1920]): Die protestantischen Sekten und der Geist des Kapitalismus. In: Gesammelte Aufsätze zur Religionssoziologie I. Tübingen: Mohr, S.207-236.

Wenzel, Harald (2005): Profession und Organisation. Dimensionen der Wissensgesellschaft bei Talcott Parsons. In: Klatetzki, Thomas/Tacke, Veronika (Hg.): Organisation und Profession. Wiesbaden: VS Verlag für Sozialwissenschaften, S. 45-71.

Wittrock, Björn (2000), Modernity: One, Two, or Many? European Origins and Modernity as a Global Condition. In: Multiple Modernities. Daedalus: Journal of the American Academy of Arts and Sciences vol. 129, no. 1, S. 31-60.

Zizek, Slavoj (1991): Looking Awry: An Introduction to Jacques Lacan Through Popular Culture.Cambridge, Mass./London: MIT Press.

Žižek, Slavoj (1995): Hegel mit Lacan. Zürich: RISS Verlag.

Žižek, Slavoj (2002): Die Revolution steht bevor. Dreizehn Versuche über Lenin. Frankfurt a.M.: Suhrkamp.

Anmerkungen

[1] Die Entgegensetzung von warenförmigem Tausch und Gabe ist kritisiert worden. Frank Hillebrandt (2006) macht in seinem Plädoyer für einen „praxistheoretischen Begriff des Tauschs" darauf aufmerksam, dass die Gabe von Geschenken und das Eingehen von Kaufverträgen (bzw. allgemeiner: die Praxis des warenförmigen Tauschs) oftmals Hand in Hand gehen (beispielsweise bei der zeremoniellen Besiegelung oder Erhaltung von Geschäftsbeziehungen). Das Argument lautet, dass die analytische Separation von warenförmigen Tauschpraxen von der beziehungsstiftenden Wirkung der Praxis der Gabe nicht als empirisch gegeben unterstellt werden dürfe. Aus Sicht der hier unternommenen phänomenologischen Rekonstruktion ist die Annahme von fast „rein" marktförmigen Tauschpraxen allerdings berechtigt, weil sich a) mit ihrer Hilfe die imaginative Spezifik dieser Form des Tauschs herausstellen lässt und b) diese Form des Tauschs in ihrer idealtypischen Ausprägung an den Finanzmärkten nahezu erreicht wird (s. Kapitel 2).

[2] Die Bedeutung normorientierten Handelns in menschlicher Kooperation zeigt sich indirekt, aber besonders plastisch in den Versuchen der neueren Rational Choice-Theorie, Normorientierung als wichtigen Bezugspunkt beim Verständnis menschlichen Verhaltens zu umgehen und stattdessen durch „rule-oriented behavior" zu ersetzen. Vanberg (1994: 35) zufolge, der sich auf Hayek bezieht, ist menschliches Handeln dreifach durch Klassifikationssysteme regelgeleitet: „These systems of classification are an amalgam of the products of biological evolution, of socio-cultural traditions and of individual learning." Es ist evident, dass die „soziokulturellen Traditionen" das Refugium darstellen, in das die Normorientierung menschlichen Handelns gleichsam abgeschoben wird, ohne dass Vanberg die Frage stellt, in welcher Konstellation diese drei regelgenerierenden Prozesse sich zueinander befinden. Die Differenzierung von ökonomischen, soziologischen und psychologischen bzw. biologischen Erklärungsversuchen menschlichen Verhaltens wird so in der modernen Rational choice-Theorie rückgängig gemacht.

[3] Das Argument lautet hier also nicht, dass Geld auf der Grundlage implizierten Vertrauens in die Zukunft funktioniert (s. Giddens 1995a: 39f.), sondern dass der Preisvergleich, der Geld als generalisiertes Tauschmedium ermöglicht, Vertrauen in der Gegenwart substituiert.

[4] Die kulturelle i.S. von mit Sinn bedeutete Dimension dieses Vorgangs wird dann schlaglichtartig erhellt, wenn man sich klarmacht, dass die hier vorgenommene idealtypische Rekonstruktion von Markthandeln unter Unsicherheit ziemlich exakt die Standardsituation von Rational choice-Modellierungen, etwa des Gefangenendilemmas, wiedergibt. Selbst wenn man daher annimmt, dass das Verhalten sozialer Akteure als Maximierung ihres persönlichen Vorteils zu fassen ist, kommt man nicht umhin, dass Markthandeln unter Unsicherheit bestimmte Vorstellungen der Handlungssituation (des Marktes) und den Bedarf nach entsprechenden Wissensformen hervorbringt. Diese Emergenz von Vorstellungen und Wissensformen als unbeabsichtigte Nebenfolge zweckrationalen Handelns stellt jedoch gleichzeitig die Grenze des Erklärungspotenzials des Rational-choice-Ansatzes dar.

[5] Auf die Studie „Traders" (Fenton-O'Creevy et al. 2005) wird an dieser Stelle noch kein Bezug genommen, weil in dieser Untersuchung weder das Motiv der Beschleunigung noch der Repräsentation der Gesellschaft im Vordergrund steht. Stattdessen geht es ihr darum, aus soziologischer, psychologischer und ökonomischer Perspektive den Blick auf die Spezifik des Handelns von FinanzmarkthändlerInnen zu richten.

[6] Die Bezugnahme auf Lacan ist Teil einer argumentativen Strategie, die darauf abzielt, „Sozialität mit Objekten" (Knorr Cetina 1997) als alternative Form der Subjektivierung theoretisch zu begründen. Die AutorInnen beziehen sich dabei nicht ausschließlich auf Lacan, sondern auch auf George Herbert Mead und Alfred Schütz (Knorr Cetina/Bruegger 2000). Ihre Argumente lauten, dass Intersubjektivität mit dem epistemischen Objekt des Finanzmarktes und Subjektivierung an

ihm dadurch möglich sei, dass sich die HändlerInnen in ihn hineinversetzten (Meads „taking the attitude of the other") bzw. in Synchronizität mit ihm handelten (Schütz' „Gleichzeitigkeit").

[7] An diesem Bezug auf Lacan lässt sich Kritik üben. Erstens wird auf methodologischer Ebene nicht deutlich gemacht, mit welcher Begründung Interviewmaterialien und Beobachtungsdaten als Ausdrucksformen des unbewussten Begehrens der HändlerInnen interpretiert werden können. Zweitens wird nicht stringent zwischen imaginärer (bewusster) und unbewusster Ebene unterschieden: Aussagen der HändlerInnen, die den Markt als ein beseeltes Wesen hypostasieren, werden als direkte Expression des Unbewussten unterstellt, ohne die Differenzierung zwischen intentionaler Aussage und unbewusst Ausgesagtem (*énonciation/énoncé*, Lacan 1978: 142-148) zu beachten. Drittens schließlich macht die Art der Bezugnahme auf Lacan, Schütz und Mead, die die AutorInnen vornehmen, deutlich, dass die Verzichtbarkeit von Normen bei der Konstitution intersubjektiver Beziehungen weniger empirisch gezeigt als vielmehr theoretisch gesetzt wird.

[8] Diesbezügliche Vorschläge, allerdings aus organisationspsychologischer Perspektive, zur Verbesserung der organisationalen Rahmenbedingungen kognitiver und emotionaler Prozesse von FinanzmarkthändlerInnen unterbreiten Fenton-O'Creevy et al. (2005: 108). Die Vorschläge stehen indes mit anderen von der Studie herausgestellten Aspekten des Finanzmarktes, insbesondere mit dessen ausgeprägten Reflexivität und der Tatsache, dass der einzelne Handel keine Win-win-Situation zulässt, in teilweisem Widerspruch.

[9] Als ein weiteres Forschungsfeld, das die gesellschaftliche und kulturelle Wirkung von Rekursivität und Reflexivität beispielhaft veranschaulichen kann, wären militärische Strategien wechselseitiger Abschreckung zu nennen (s. Gaddis 1996, Luttwak 2001).

[10] Die Studie von Fenton-O'Creevy et al. (2005) beruht auf Interviews mit HändlerInnen in Finanzmarktinstrumenten in der Londoner City. Die ethnographischen Arbeiten Abolafias (1996, 1996a, 1998) beziehen sich ebenfalls auf Händler, v.a. solche, die Schuldverschreibungen handeln. Noch enger fallen die Studien von Knorr Cetina und Bruegger aus, die ausschließlich auf Interviews mit bzw. Beobachtung von DevisenhändlerInnen beruhen. Zum Finanzplatz Frankfurt liegen meines Wissens überhaupt keine vergleichbaren Studien vor.

[11] Weitere Differenzierungen des sozioprofessionellen Feldes sind gegenwärtig Gegenstand einer im Entstehen begriffenen Monografie (Schmidt-Beck, i.E.); s. auch Langenohl/Schmidt-Beck 2004, dies. 2007.

[12] S. Anmerkung 10.

[13] Ihr Ziel ist es nach Flick, den RespondentInnen „bereichsbezogen zu ermöglichen, Erfahrungen in allgemeinerer, vergleichender etc. Form darzustellen, und gleichzeitig die entsprechenden Situationen und Episoden zu erzählen." (Flick 1995: 125) Dies impliziert, dass der Respondent im Verlaufe des (mit einem Leitfaden durchgeführten) Interviews sowohl als autobiografisches Subjekt als auch als Experte für bestimmte Wissensbestände adressiert wird. Flick zufolge sind im episodischen Interview zwei verschiedene „Bestandteile" oder Organisationsformen des individuellen Wissens um die Vergangenheit zu unterscheiden, nämlich semantisches (abstraktes, erlernbares) und episodisches Wissen, das auf eigenem Erleben beruht und entsprechend narrativ dargestellt werden kann. Diese Annahme wird aber der hiesigen Fragestellung nicht gerecht, denn es geht dabei nicht um die Wissensform und den darin organisierten Inhalt für sich, sondern um den Zusammenhang zwischen Wissensformen und der Einschätzung dieser Formen. Die Wissensformen haben keinen Objektcharakter, sondern sind reflexiver Gegenstand des Interviews.

[14] Diese Struktur galt bis in die späten 1970er Jahre hinein unangefochten. Privatbanken erzielten ihre Gewinne hauptsächlich aus Kreditvergabe an industrielle Großkonzerne im Inland; Sparkas-

sen erwirtschafteten ihre Gewinne auf der Grundlage von Kreditvergaben an Privatleute und durch private Bankdienstleistungen; Genossenschaftsbanken verfügten durch das Prinzip der Identität von Mitgliedschaft und Kundschaft über einen durch Mitgliedschaft gebundenen und an bankrelevanten Entscheidungen beteiligten Kundenkreis aus Privatleuten und mittelständischen UnternehmerInnen (s. Deeg 2001: 16-18).

[15] So etwa, in Bezug auf das deutsche Bankenwesen, von Schmidt-Bürgel (2003) und Walter/Lahusen (2004).

[16] S. die Untersuchungen über "bank clerks" von Lockwood (1958), Blackburn (1967), Mumford/Banks (1967), die in der Professionalisierungsliteratur eher als Gegenevidenzen für den Professionscharakter von Bankberufen herangezogen werden (s. Turner/Hodge 1970).

[17] Kurtz (2005) führt aus, dass in der heutigen Wissensgesellschaft auch solche Berufe Merkmale professionellen Handelns aufwiesen, die nicht zu den klassischen Professionen zu zählen seien, nämlich – mit kritischem Unterton und in Anlehnung an Willke und Sennett – die „Wissensarbeiter" und „Symbolanalytiker".

[18] Zu nennen wären hier beispielsweise der Verband der Technischen Analysten Deutschlands (VTAD, gegr. 1992), die Deutsche Vereinigung für Finanzanalyse und Asset Management (DVFA, gegr. 1960), der Bundesverband Investment und Asset Management (BVI, gegr. 1970) und der Verband der Analysten für Investment und Finanzplanung (AIFP, gegr. 2000), die jeweils eigene Kodices für die jeweiligen Tätigkeitsprofile formulieren.

[19] Der Ausdruck „Affe schmeißt Dartpfeile" ist offensichtlich auf ein reales Experiment bezogen, das in Vallejo (Kalifornien) durchgeführt wurde. Es handelte sich um einen Vergleich der Wertentwicklung von insgesamt neun Portfolios, von denen acht von renommierten AnalystInnen zusammengestellt wurden, das neunte aber durch einen Orang-Utan namens Jolyn, und zwar mittels Werfen von Dartpfeilen auf die Kursliste der 500 wichtigsten börsennotierten Unternehmen im „Wall Street Journal". Der Vergleich ergab, dass die Portfolios der acht professionellen InvestmentberaterInnen sich nicht systematisch besser entwickelten als das Jolyns (s. Mishkin 2004: 160).

[20] Die AutorInnen dieser Studie, deren empirische Grundlage Interviews mit FinanzmarkthändlerInnen sind, argumentieren, dass diese Weltanschauung stark in der Finanzökonomik verankert sei (Fenton-O'Creevy et al. 2005: 55).

[21] Die „Südseeblase" (Londoner Börse, 1720) und die „Tulpenzwiebelblase" (Amsterdamer Börse, 1636) sind bekannt gewordene historische Beispiele für das massenhafte Entstehen von unrealistisch hohen Erwartungen an die Steigerungen von Kursen, die zunächst – und bereits unter Anwendung derivativer Finanzinstrumente, nämlich Termingeschäfte – zu ihrer tatsächlichen Steigerung führten, dann aber ins Gegenteil umschlugen und die Einlagen der Anleger dezimierten (s. König/Peters 2002: 31-33, 40).

[22] S. zu solchen Tendenzen innerhalb von Unternehmen Moldaschl (1998) und Moldaschl/Sauer (2000).

[23] Vgl. zur Differenzierung Famas ursprünglicher Effizienzannahme Fenton-O'Creevy et al. (2005: 30).

[24] Die Hypothese rationaler Erwartungen, d.h. die Gleichsetzung von Rationalität und Optimierung der Prognose, wird speziell an Finanzmärkten für zutreffend gehalten: „The incentives for equating expectations with optimal forecasts are especially strong in financial markets. In these markets, people with better forecasts of the future get rich. The application of the theory of ra-

tional expectations to financial markets (where it is called the *efficient market hypothesis* or the *theory of efficient capital markets*) is thus particularly useful." (Mishkin 2004: 149)

[25] Beispielsweise wird in der Kulturanthropologie der Begriff "global imagination" als eine Reaktion auf verschiedenartige Interpretationen von "Globalisierung" durch unterschiedliche Gruppen in je besonderen Umständen konzipiert, die sie in Konfrontation mit jeweils spezifischen globalen Kräften und innerhalb spezifischer globaler Verbindungskanäle herausbilden (Burawoy et al. 2000). Gesellschaftstheoretische Studien haben sich, in Anlehnung an modernisierungstheoretische Erörterungen zum Begriff der "multiple modernities" (cf. Eisenstadt 2000, Wittrock 2000; s. auch Gaonkar 2002, Taylor 2002), daran versucht, den Begriff des Imaginären (*imaginary*) in einer Weise weiterzuentwickeln, die die soziale Artikulation von einer "constructed landscape of collective aspirations" (Appadurai 1990: 5) einbegreift, welche innerhalb des Konzeptrahmens der Moderne positioniert ist (Nation, Zivilgesellschaft, Öffentlichkeit), ohne doch von diesem Rahmen determiniert zu sein, welcher durch anhaltende Prozesse der Globalisierung und Transnationalisierung in Frage gestellt wird.

[26] Castoriadis (1984: 351) bezieht sich auf den Kapitalismus, um die allgemeine Struktur des Imaginären zu veranschaulichen, nicht aber als seine besonders hervorzuhebende imaginäre Sphäre.

[27] Castoriadis (1984: 351-357) hatte bemerkt, dass der Kapitalismus eine Spaltung der gesellschaftlichen Zeitlichkeitsordnung institutionalisiert. Deren eine Hälfte sei durch eine "identitätslogische Zeit" charakterisiert, die den Zeitlauf in abstrakte Einheiten (Arbeitszeit) unterteile, während die andere Hälfte eine „imaginäre oder Bedeutungs-Zeit" repräsentiere, die kapitalistischen Wirtschaftspraxen einen transzendenten Sinn verleihe: „typischerweise als ‚unendliche' Zeit des unbegrenzten Fortschritts, des unbeschränkten Wachstums, der Akkumulation und Rationalisierung, der Eroberung der Natur, der immer weiteren Annäherung an ein exaktes Totalwissen, kurz: als Zeit der Verwirklichung einer Allmachtsphantasie" (Castoriadis 1984: 351). Dennoch war auch er es, der Marx vorwarf, die Bedeutung des Imaginären vernachlässigt zu haben (Castoriadis 1984: 229).

[28] Unter imaginärer Zeit ist mit Alfred Schütz, der Henri Bergson wiedergibt, eine Zeitvorstellung zu verstehen, „welche weder von mir, noch von Dir, noch von irgend jemandem erlebbar ist." Darin unterscheidet sie sich von der „eigenen durée", welche die Wahrnehmung und das Erleben des Verfließens der Zeit und des eigenen Alterns meint (Schütz 2004: 227).

[29] Taylor (2002: 102) argumentiert im Grunde in dieselbe Richtung, wenn er sagt, dass das ökonomische Modell der Gesellschaft seit dem 18. Jahrhundert nicht nur den Rang eines Gleichnisses gehabt, sondern ein primäres Ziel von Gesellschaftspolitik formuliert habe: „A strong economy eventually came to be seen as the collective goal of society."

[30] Vgl. die „Essenzialismuskritik" an Habermas bei Thielemann (1996): 21), durch die „die in Frage stehende soziale Ordnung *nur noch* unter dem Systemaspekt angemessen erklärt werden kann". Der Autor setzt sich in seinem Werk für eine Analyse von Markthandeln unter dem Aspekt seiner normativen Verankerung ein.

Sach- und Personenindex

Qualitative Soziologie

Herausgegeben von

Klaus Amann, Bielefeld, Jörg Bergmann, Gießen, und Stefan Hirschauer, München

Die Reihe "Qualitative Soziologie" präsentiert ausgewählte Beiträge aus der qualitativen Sozialforschung, die methodisch anspruchsvolle Untersuchungen mit einem dezidierten Interesse an der Weiterentwicklung soziologischer Theorie verbinden. Ihr Spektrum umfasst ethnographische Feldstudien wie Analysen mündlicher und schriftlicher Kommunikation, Arbeiten zur historischen Sozialforschung wie zur Visuellen Soziologie.

Bisher erschienene Bände der Reihe:

Band 1: Thomas Scheffer, Asylgewährung
Eine ethnographische Verfahrensanalyse
2001. 249 S. kt. € 23,- / sFr 41,20. ISBN 978-3-8282-0165-1

Band 2: Richard Rottenburg, Weit hergeholte Fakten
Eine Parabel der Entwicklungshilfe
2002. ca. 240 S. kt. € 25,- / sFr 43,80. ISBN 978-3-8282-0213-9

Band 3: Elisabeth Mohn, Filming Culture
Spielarten des Dokumentierens nach der Repräsentationskrise
2002. XVI/242 S., 37 Abb., kt. € 29,- / sFr 51,-. ISBN 978-3-8282-0214-6

Band 4: Carolin Länger, Im Spiegel von Blindheit
Eine Kultursoziologie des Sehsinnes
2002. V/214 S., kt. € 29,- / sFr 51,-. ISBN 978-3-8282-0223-8

Band 5: Heinz Messmer, Der soziale Konflikt
Kommunikative Emergenz und systemische Reproduktion
2003. II/340 S., kt. € 29,- /sFr 50,70. ISBN 978-3-8282-0247-4

Band 6: Gabriele Cappai, Im migratorischen Dreieck
Eine empirische Untersuchung über Migrantenorganisationen und ihre Stellung zwischen Herkunfts- und Aufnahmegesellschaft
2005. X/278 S., kt. € 32,- / sFr 55,60. ISBN 978-3-8282-0322-8

 *Stuttgart*

Bei Fragen zur Produktsicherheit wenden Sie sich bitte an:
If you have any questions regarding product safety,
please contact:

Walter de Gruyter GmbH
Genthiner Straße 13
10785 Berlin
productsafety@degruyterbrill.com